Maria Neuberger-Schmidt

ERZIEHUNG IST (K)EIN KINDERSPIEL
Band 2

Maria Neuberger-Schmidt

Erziehung
ist (k)ein Kinderspiel

Band 2

Edition
Tips

Zeichnungen: Eugen Kment
Fotonachweis Maria Neuberger-Schmidt: Foto Brejcha, 1230 Wien

© 2013 und Herausgeber: Tips Zeitungs GmbH & Co KG, Linz
Alle Rechte vorbehalten.
Texte: Maria Neuberger-Schmidt, Wien
Grafik und Layout: Sandra Hörhan
Druck und Bindung: Druckerei Theiss GmbH, Am Gewerbepark 14, 9431 St. Stefan im Lavanttal
Printed in Austria
ISBN 978-3-85358-021-9

1. Aufl./2013: 4000

Liebe Leserinnen und Leser!

Ich freue mich, Ihnen Band 2, einer Sammlung meiner seit 1999 in verschiedenen österreichischen Regionalzeitungen erschienen Erziehungstipps, zu präsentieren.

Weil Band 1 innerhalb kurzer Zeit zu einem Bestseller geworden ist, so haben viele Leserinnen und Leser nach einer Fortsetzung verlangt. Weil das Leben mit Kindern täglich einzigartig ist, geht mir auch der Stoff zum Schreiben nicht aus, der aus der Fülle der (anonymisierten) Fälle entsteht, die Eltern mir in den Beratungs- und Seminargesprächen anvertrauen. Auch habe ich noch gut meine eigenen Erfahrungen mit den vier inzwischen erwachsenen Kindern in Erinnerung.

Es handelt sich dabei um eine Serie von einzelnen, in sich abgeschlossenen Fallbeispielen aus dem Leben mit Kindern, Gedanken und Anregungen rund um das Thema Erziehung aus vielen unterschiedlichen Aspekten. Bei vielen Ratgebern sagt der Leser oder die Leserin: „Das klingt ja schön und gut: Aber wie soll ich das in meiner Situation umsetzen?" Deshalb ist es mir ein Anliegen, nicht nur Anstöße zum Nachdenken, sondern vor allem auch konkrete Anregungen und praktisch umsetzbares „Handwerkszeug" mitzugeben. Dabei handelt es sich nicht um „Patentrezepte", sondern ich möchte in den einzelnen Beiträgen die dahinter liegenden psychischen und kommunikativen Gesetzmäßigkeiten erkennen helfen. Wenn ich zum Beispiel weiß, was ein Kind braucht, um bei einem Wutanfall „herunterzukommen", dann kann ich das Werkzeug „emotionale Entlastung" analog zu einem bestimmten Fallbeispiel auch in ähnlichen anderen Fällen anwenden.

Band 2 folgt thematisch einer ähnlichen Struktur wie Band 1, mit unterschiedlichen Beiträgen. Deshalb gibt es auch hier ein Kapitel „Entwicklung fördern" oder „Grenzen setzen", weil Erziehung ein Thema in unzähligen Variationen ist. Diesmal konnte ich jedoch auch Platz für das Kapitel „Schule und Lernen" sowie „Glücklich trotz Trennung" schaffen. Wenn Sie mehr darüber wissen möchten, wie Erziehung mit mehr Freude und weniger Stress gelingen kann, so empfehle ich Ihnen mein 2012 im Ennsthaler Verlag erschienenes Buch „Gewaltfrei, aber nicht macht-los: Erziehung mit Herz, Verstand und Führungskompetenz", das meine pädagogischen und didaktischen Grundlagen beschreibt, sowie den Be-such eines „ABC-Elternführerscheins®", bei dem Sie diese in der prakti-schen Umsetzung, im Üben und im Austausch mit anderen Eltern oder Großeltern anwenden lernen. Für werdende Eltern empfehle ich den „ABC-Babyführerschein®", der sich auch viel mit non-verbaler Kommu-nikation beschäftigt.

Fallbeispiele helfen auch, zu erkennen, dass ich mit meinen Problemen nicht allein bin. Wenn Alltagsprobleme auftreten, die mich manchmal an meine Grenzen bringen, so darf ich beruhigt wissen, dass es nicht dar-an liegt, dass mit mir oder meinem Kind etwas nicht stimmt, sondern dass es in der Natur der Dinge liegt, dass Bedürfniskollisionen und Rei-bungspunkte auftreten, die immer wieder neue Lösungen verlangen. Das hält Eltern psychisch fit und wird dann gelingen, wenn wir uns liebevoll engagieren und in ehrlicher Selbstreflexion immer wieder um bewährte oder neue Lösungen bemühen.
Deshalb möchte ich sagen: „Willkommen im Club" und viel Freude beim Lesen!

Ihre

U. Neuberger-Schmidt
Maria Neuberger-Schmidt

Inhalt

Die Worte, die du bewegst, prägen dich.
Das was du liest, formt deine Psyche.
Die Bilder, die du auf dich wirken lässt, sinken in deine Seele ein.

Weisheiten des heiligen Benedikt

Kapitel 1

Kindheit und Erziehung Einstellung und gesellschaftliche Rahmenbedingungen

Erziehung ist nicht nur eine Frage des persönlichen Stils und Temperaments, sondern hat auch mit gesellschaftlichen Strömungen und Rahmenbedingungen zu tun. Deshalb möchte ich zu Beginn einige Beiträge bringen, die Anregungen bieten, Ihre Wertvorstellungen und Einstellungen zu überprüfen.

Dies beinhaltet einen Querschnitt durch meine wichtigsten pädagogischen Grundlagen mit dem Titel „Wie man ein Kind lieben soll". Es wird weiters der Dialog der Generationen thematisiert sowie auf charakteristische Stolperfallen im Leben moderner Familien aufmerksam gemacht. Nicht Lieblosigkeit, sondern Hilflosigkeit und Überforderung sind die häufigsten Gründe für Kindesmisshandlung. Nicht nur die Fälle, die in der Zeitung stehen, hinterlassen Spuren in der Kinderseele. Abhilfe ist möglich und gelingt oft verblüffend einfach.

Wie man ein Kind lieben soll

Jeder Mensch sehnt sich danach, angenommen und geliebt zu werden, so wie er nun einmal ist, da wo er oder sie gerade in seiner Entwicklung steht, mit allen Ecken und Kanten seiner Persönlichkeit, mit seinen Schwächen und Fehlern. Wir wollen nicht unserer Leistungen wegen, sondern als Person geliebt werden. Diese bedingungslose Liebe können Eltern ihren Kindern vermitteln, wenn sie es selbst von ihren Eltern so erfahren haben oder auf ihrer persönlichen Suche diese wunderbare Erkenntnis machen konnten. Dann komme, was da wolle. Wir halten den Stürmen unseres Lebens stand und sind frei für die eigene Entwicklung und für den Dienst am Nächsten. Unsere Motivation dazu entspringt allein dem Wunsch, aus Freude und Dankbarkeit eine adäquate Antwort auf diese Liebe zu geben und lässt sich nicht von äußeren Schwierigkeiten oder Enttäuschungen entmutigen. Wir tun, was wir tun, einfach deshalb, weil wir es tun müssen, weil unsere innere Stimme uns leitet, unabhängig davon, ob Erfolg sich einstellt oder nicht, ob wir Anerkennung ernten oder nicht, ob wir Durststrecken durchqueren müssen oder nicht. Wir spüren uns lebendig, lassen uns auf das Leben ein, finden unseren Weg und wissen uns geborgen. Das Leben jedes Menschen ist letztlich immer eine spirituelle Entwicklung.

Bedingungslose Liebe

Wenn Eltern ihre Kinder mit einer solch bedingungslosen Liebe annehmen können, dann bekommt das Kind täglich das nötige „Vitamin C", um ein solides Selbstwertgefühl und darauf aufbauend seine Fähigkeiten und Talente entwickeln zu können. Die Eltern vermitteln auf eine einfache Art und Weise, dass sie sich an ihrem Kind freuen, mit der stillen Botschaft „schön, dass es dich gibt!" Sie kann gelegentlich verbal vermittelt werden, meist aber wird sie non-verbal kommuniziert durch Blickkontakt, Lächeln, Körperkontakt und Zärtlichkeiten, indem wir auf das Wesen und die Bedürfnisse unseres Kindes achten. Das Kind bekommt das Gefühl „Es ist gut, dass ich bin wie ich bin" und „Ich fühl mich wohl in meiner Haut!" egal ob es groß oder klein, dick oder dünn, schüchtern oder mutig, lebhaft oder ruhig, gesund oder krank, vom Schicksal begünstigt oder benachteiligt ist. Erst dann kann es sich frei und offen entwickeln, gemäß seinen natürlichen Anlagen.

Wenn Eltern ihre Kinder als strahlende Sieger erleben, ist es nicht schwer, sein Kind zu mögen. Was aber, wenn nicht? Dann müssen wir uns zu dieser Haltung durchringen. Damit sie echt ist und nicht vorgetäuscht, erfordert sie eine ehrliche Auseinandersetzung mit unserer eigenen Geschichte, mit unseren Gefühlen und Erwartungen. Dann können wir persönliche, bedingungslose Liebe jedem Kind geben, jedes Kind auf die Weise lieben, wie es sie braucht und damit jedem Kind gerecht werden, egal wie unterschiedlich sie sein mögen.

Die Sprache der Annahme

Die meisten Eltern bringen ihrem Kind die Haltung der bedingungslosen Liebe entgegen, aber viele können sie nicht im Dialog vermitteln. Kommt ihr Kind mit einem Problem zu ihnen, versuchen sie zu trösten, indem sie ihm seine Gefühle ausreden („Das ist ja nicht so schlimm!") und kluge Erklärungen oder Ratschläge geben, um zu helfen. Dabei vermitteln sie unbewusst „Ich halte deine Gefühle nicht aus" und „Ich trau dir nicht zu, damit klar zu kommen." Das Kind erhält die Botschaft „Du bist nicht OK". Es bockt oder macht zu. Die Eltern wundern sich, warum das Kind nichts erzählt und merken nicht, dass es vielleicht mit dem eigenen Kommunikationsverhalten zu tun hat. Hört das Kind aber auf, seinen Eltern, die es ja nur gut meinen, sein Herz auszuschütten, bringen sie es um die Möglichkeit, seine Gefühle, Gedanken und Erlebnisse zu verarbeiten. Es fühlt sich nicht angenommen, wird unsicher und ist blockiert in seiner Entwicklung. Die „Sprache der Annahmen" so Thomas Gordon, drückt sich aus durch aktives Zuhören, indem Sie dem Kind das Gefühl vermittelt, ernst genommen und bedingungslos geliebt zu werden. Bei uns Erwachsenen ist das nicht anders.

Helfen will gelernt sein

Natürlich dürfen Eltern ihren Kindern Erklärungen und Ratschläge geben, aber damit diese gut angenommen werden können, anstatt auf Widerstand zu stoßen, müssen sie Kommunikationssperren meiden und stattdessen einige Regeln beachten, wie sie ein guter Coach praktiziert. Sie können den kindlichen Selbstklärungsprozess unterstützen, der durch drei Phasen charakterisiert ist:

Der Selbstklärungsprozess: verstehen, klären, lösen

Verstehen: emotionale Annahme

Als erstes müssen Eltern dafür sorgen, dass das Kind seine Gefühle ausdrücken darf, auch die unangenehmen, wie Wut und Zorn. Sie müssen akzeptieren, dass es fühlt, was es fühlt und Verständnis für seine Situation zeigen. Wenn das Kind solcherweise „abladen" kann, fühlt es sich erleichtert und es beruhigt sich. Die Eltern müssen gar nichts „tun", außer da sein. Sie können sich entspannen, denn es reicht, wenn sie „bloß" aktiv zuhören und dabei die Gefühle beschreiben, die sie beim Kind wahrnehmen.

Klären: Fragen stellen statt Erklärungen geben

Indem sich sein Gefühlswirrwarr beruhigt und es weiter über sein Problem spricht, kommen klare Gedanken ins Innenleben des Kindes. Es kann Abstand zu seinem Problem gewinnen, neue Perspektiven sehen, eigene Widersprüche erkennen. Wollen Eltern diesen Klärungsprozess unterstützen, so sollten sie nicht Erklärungen geben, die Blockaden auslösen, sondern diese in Fragen verpacken, die sich das Kind selbst beantworten kann. Kommt die Erklärung aus dem Mund des Kindes, dann hat es an Einsicht gewonnen! Die Eltern erkennen, wo ihr Kind im Reifungsprozess steht und können sich über seine Kompetenz freuen. Zur Lösung seiner Kinderprobleme findet es dann wie von selbst.

Lösen: Fragen stellen, statt Lösungen aufdrängen

Wenn nicht, können Eltern das Kind bei der Suche nach Lösungen unterstützen, indem sie wieder die passenden Fragen stellen. Statt „Da brauchst du ja nur ..." lieber fragen: „Was könntest du da tun?" Ressourcen aktivieren: „Letztes Mal ist dir das so gut gelungen. Wie hast du das gemacht?" Schritte der Umsetzung planen: „Was machst du zuerst?" Auf diese Weise kann das Kind mit Hilfe der Eltern die meisten seiner Probleme selbst lösen und die Eltern brauchen nur noch zu bestätigen. Es erlebt sich als kompetent, sein Selbstbewusstsein steigt, Zuneigung und Vertrauensbasis zu den Eltern wird gefestigt.

Sollte das Kind aber noch nicht zur passenden Lösung gelangen, so hat es sich von seinen Eltern so ernst genommen gefühlt, dass es nun auch bereit ist, deren Vorschlag zu prüfen oder deren Rat anzunehmen, weil er nun auf fruchtbaren Boden fällt. Wenn Eltern merken, dass dem Kind noch die nötige Einsicht fehlt, können sie die Rolle des Coach verlassen, und kraft ihrer Autorität sagen, was zu tun ist. Ein Coach hat keine Erziehungsverantwortung für den Klienten, Eltern für ihre Kinder jedoch schon.

Was tun bei Fehlverhalten?

Bedingungslose Liebe bedeutet nicht, dass wir das Fehlverhalten unserer Kinder nicht kritisieren dürfen, aber unsere Kritik muss dem Verhalten gelten, nicht der Person, so als würde man sagen: „Du BIST mein liebes Kind. Aber was du TUST, ist nicht in Ordnung".

Wichtig ist, dass wir in unserem manchmal verständlichen Ärger oder Frust das Kind nicht beleidigen, demütigen oder bedrohen, durch grobe oder subtile „Du-Botschaften" oder gar durch Gewalt. Wäre es nicht widersinnig und grausam, Kindern durch Gewalt gutes Sozialverhalten beibringen zu wollen? Es geht auch anders!

Die oben geschilderte Coaching-Methode eignet sich auch hervorragend dafür, Kinder zu Einsicht und Rücksichtnahme zu erziehen, ihnen Werte und Unrechtbewusstsein zu vermitteln. In freundlich-ernsten, klärenden Gesprächen können sie auf Abwehrstrategien verzichten, zu Einsicht und gesunder Selbstkritik gelangen, gerade weil sie sich nicht verteidigen müssen.

Fair Konflikte lösen

Auch im Konfliktfall können Eltern ihre bedingungslose Liebe zeigen, indem sie Verständnis für die zur Auseinandersetzung geführten Gefühle und Bedürfnisse ihrer Kinder zeigen und den Konflikt wertschätzend führen und fair austragen. Dabei achten sie darauf, dass auch die Kinder die Ebenen des Respekts ihnen gegenüber nicht verlassen.

Erziehung und die Frage der Autorität

Galten über Jahrhunderte hinweg in allen uns bekannten religiösen Traditionen elterliche Gewalt und das Recht auf Züchtigung als legitime Erziehungsmittel, so hat die moderne Psychologie erkannt, welch dramatische Auswirkungen Gewalt und Macht auf die Kinderseelen hat. Nun wähle ich bewusst eine gewisse Pauschalierung, um die heutige pädagogische „Landschaft" zu charakterisieren. Im Bemühen, elterlichen Machtmissbrauch zu verhindern, wurde auch gleich die Autorität abgeschafft. Die Worte Autorität und Gehorsam wurden zu Unworten erklärt, man möchte Demokratie und Gleichberechtigung im Kinder- und Klassenzimmer einführen. Die Annahme lautet: Bringt man Kindern Respekt entgegen, kommt automatisch Respekt retour. Unzählige psychologische Ratgeber wurden nach dem Ideal der Gleichberechtigung geschrieben, mit dem Resultat, dass Eltern mehr verunsichert sind denn je.

Hinzu kommen die Verunsicherung durch den Wertepluralismus in der Gesellschaft, mit dem oft gehörten und esoterisch anmutenden Glaubenssatz, es wäre alles „gleich gültig" und schließlich eine bedrohlich um sich greifende geistige Umweltverschmutzung durch Werbung und moderne Medien, denen gerade unsere Jugend weitgehend ungeschützt ausgeliefert ist. Eine ausgeklügelte Kunst der Manipulation wird im Namen von Freiheit und Demokratie geschützt und die bewussten oder unbewussten Drahtzieher können sich so der Verantwortung für die Folgen ihres Tuns elegant entziehen.

Kinder sind gleichwertig, aber nicht gleichberechtigt

So lautet meine Überzeugung. Kinder haben Anspruch auf Respekt und Wertschätzung im selben Ausmaß wie Erwachsene, und zwar vom ersten Moment an, haben jedoch nicht dieselben Rechte und Pflichten – eigentlich eine pädagogische Binsenweisheit. Gleichberechtigt werden Kinder jeden Tag ein Stückchen mehr, in dem Ausmaß in dem ihre Kompetenzen, ihre Vernunft und ihr Verantwortungsgefühl wächst, bis sie eines Tages, erwachsen geworden, ihren Eltern als gleichberechtigte Partner die Hand reichen und in ihr Leben hinausgehen, über das sie nun selbst bestimmen.

Zeit für Zuwendung

Neulich las ich „Das Buch von den Kleinen" von Peter Rosegger. Folgende Sätze haben mich besonders berührt: „Ich muss arbeiten, mein Kind, sagst du, wenn es zu dir heran will. Die Arbeit ist vollbracht, es naht sich wieder. Du musst jetzt lernen, Kind, ist dein Anweis. Die Schulaufgabe ist vollendet. Jetzt gehe und mache Bewegung, junge Glieder müssen sich trollen! Am Abend kommt es endlich noch einmal. Aber jetzt lass mich in Ruh', ich bin müde genug, und du mach, dass du ins Bett kommst. – So geht's heute, so geht's morgen. Am Sonntag, denkst du. Am Sonntag entführt dich ein Freund zu einer Landpartie, und du musst dich ja doch auch erholen. So lernst du es niemals kennen, oder es entfremdet sich dir rasch. Du betrügst das Kind um den Vater und den Vater ums Kind."

Kinder brauchen Zuwendung, das wissen wir. Doch der Erwachsene hat oft andere Interessen, braucht seine wohlverdiente Ruhe. Sind sie uns denn wirklich nur eine Last, unsere lieben Kleinen? Mag sein, dass Kinder in ihrer Bedürftigkeit und Neugierde anstrengend sein können und die tägliche Erziehungsarbeit einiges von uns abverlangt.

Was Kinder wirklich brauchen

Doch wer sich herzlich und authentisch auf Kinder einlässt, wer ihnen Aufmerksamkeit und Zuwendung schenkt, wer sich von ihrer Freude und Lebendigkeit anstecken lässt, der wird reich belohnt. Wenn Kinder ernst genommen werden, Zuwendung und manchmal auch liebevolle Strenge erfahren, gedeihen sie prächtig, zur Freude und zum Stolz der Eltern. Andernfalls müssen wir es später oft bitterlich bereuen, nicht ausreichend da gewesen zu sein, denn Kinder, die Probleme haben, werden auch welche machen.

Investition in nachhaltiges Lebensglück

Alles im Leben hat seine Zeit. Lernen wir von den Kindern, im Augenblick zu leben und in dem was ist, das Schöne zu entdecken, die gegenwärtige Herausforderung anzunehmen und ihr alle erforderliche Aufmerksamkeit zu schenken. Die Urlaubsreise nach Hawaii, der Kauf des Mercedes, der Konsum von Filmen und Freizeitindustrie lassen sich aufschieben, Kindheit nicht. Das bedeutet nicht, dass Eltern auf alle Annehmlichkeiten der Erwachsenenwelt verzichten müssen, doch setzen wir die richtigen Prioritäten! Lassen wir unsere Kinder spüren, dass sie das Wichtigste in unserem Leben sind! Was sie am meisten brauchen, ist nicht unser Geld, sondern unsere Zeit und Aufmerksamkeit. Zuwendung für unsere Lieben sollte immer Top-Priorität in unserem Leben haben. Sie ist Investition in nachhaltiges Lebensglück und bringt reiche Früchte, nicht erst, wenn wir alt sind.

„Sie muss nicht grüßen!"

Als der Vater vor dem Schultor auf seine Tochter Tina wartet, sieht er Sandra, die vor kurzem auf Tinas Party war und grüßt sie freundlich. Als er keine Reaktion erhält, wiederholt er seinen Gruß, doch Sandra ignoriert ihn. Selbstbewusst meldet sich Sandras Mutter zu Wort: „Meine Tochter grüßt nur, wen sie will!" Tinas Vater fehlen die Worte. Hinterher hätte er sagen wollen: „Hat es dir bei uns nicht gefallen? Dann sag es mir!"

Erziehung zur Arroganz

Offensichtlich betrachtet Sandras Mutter das Verhalten ihrer Tochter als Ausdruck von Emanzipation. Ihre Werte sind Selbstbestimmung und

Non-Konformität. Mit ihrem „progressiven" Erziehungsstil will sie es offensichtlich besonders gut machen und dem übertriebenen Konformitätsdenken in ihrer eigenen Erziehung entgegenwirken. Doch das Gegenteil ist selten das Gute. Anscheinend verwechselt diese Mutter Erziehung zur Selbstbestimmung mit Erziehung zur Arroganz, bei Untergrabung natürlicher Autorität – ein Eigentor, wie sie womöglich bald erfahren wird. Es geht nicht darum, Kinder zu „dressierten Affen" zu erziehen, sondern ihnen Werte zum mitmenschlichen Umgang zu vermitteln, die auf echter Wertschätzung basieren.

Ausdruck menschlicher Würde

Wie fühlen wir uns, wenn wir von einer Verkäuferin ignoriert werden? Erwarten wir nicht, freundlich gegrüßt zu werden und meiden wir nicht Geschäfte, wo dies nicht der Fall ist? Jeder Mensch hat ein Bewusstsein für die eigene Würde, die wir von unseren Mitmenschen anerkannt sehen wollen. Im Gruß wird diese grundsätzliche Haltung zum Ausdruck gebracht. Darum schlägt sich die Freundlichkeit des Personals auch im Umsatz nieder und jeder Chef setzt gute Umgangsformen bei seinen Mitarbeitern voraus.

Grundlage des Erfolgs

Mit ihrer arroganten Haltung wird Sandra mit Ablehnung und Frustration konfrontiert werden. Ist es wirklich das, was wir uns für unsere Kinder wünschen? Höfliche Umgangsformen sind nicht dazu da, unsere Kinder zu feigen Untertanen zu erziehen, sondern zu ihrem Erfolg im Leben beizutragen, zusammen mit dem Mut, Störungen anzusprechen. So lernen sie eigene Interessen zu vertreten, bei sozialer Integration.

Der Dialog der Generationen

Ältere Menschen beklagen sich häufig, dass die Jungen es ihnen gegenüber oft an Respekt und Wertschätzung mangeln lassen. Wir leben in einer Zeit des Jugendkults. Alt sein wird oft mit verschroben, senil und altmodisch gleichgesetzt. Traditionelle Werte: Relikte von gestern?

Einander mit Verständnis und Wertschätzung begegnen

Ehre wem Ehre gebührt: Alter kann kein Freibrief sein für Machtmissbrauch, Starrsinn, Frust und schlechte Laune oder ein gedankenloses Sich-gehen-lassen. Die Jungen brauchen die ältere Generation, ihr Vorbild, ihr Vertrauen und ihre Unterstützung, um zuversichtlich in die Zukunft zu gehen. Die Alten brauchen die Wertschätzung der Jungen für ihre Leistungen und Erfahrungen, auch wenn diese den Sinn ihrer Weisheiten oft erst später begreifen. Es bedarf einer grundsätzlichen Bereitschaft, einander Verständnis entgegenzubringen und im Dialog zu bleiben.

Die Dinge aus der Sicht des anderen betrachten

Jeder Mensch hat einen Grund, warum er ist wie er ist. Wir alle haben mehr davon, wenn wir versuchen, einander zu verstehen, statt zu bewerten oder gar zu verurteilen – so als wären unsere eigenen Ansichten und Grundsätze das Maß aller Dinge.

Fest steht, dass die ältere Generation mehr Lebenserfahrung und Weitblick hat als die jüngere. Oft erkennt man dies erst einige Jahre oder Jahrzehnte später, wenn man selbst mit ähnlichen Erfahrungen oder Schwierigkeiten konfrontiert wird, worüber man als Junger nur gelächelt, gespottet oder gar angekämpft hat.

Eine Frage sollte sich jeder stellen: Möchte ich eines Tages von meinen Kindern so behandelt werden, wie ich heute meine Eltern, Schwiegereltern und grundsätzlich ältere Menschen behandle?

Alt werden in Würde

Eine Gesellschaft, der die Achtung vor dem Alter abhanden geht, lebt eine gefährliche Entwicklung. Wenn Junge die Weisheit der Alten gering schätzen, verzichten sie auf eine wichtige Kraftquelle. Allerdings liegt es in der Verantwortung der älteren Generation, alt werden in Würde vorzuleben, anstatt sich geistig, seelisch und körperlich gehen zu lassen – auch im Interesse der eigenen Lebensqualität.

Unser Leben ist wie ein Kunstwerk, der Mensch ist Künstler und Kunstwerk zugleich. Verwirklichen wir es so, dass wir mit Stolz, Freude und gutem Gewissen darauf sehen können!

Die Petersilie und der Respekt

Oma kocht, Alfons, 13, sitzt in der Küche und liest. Da meint die Oma: „Du, Alfons, bitte hole mir Petersilie aus dem Garten. Alfons: „Ich lese nur das Kapitel zu Ende, dann gehe ich!" Die alte Dame: „Ich brauche es jetzt!" Alfons: „Ich geh ja gleich!" Nun ist sie entrüstet: Das Hinauszögern empfindet sie als Respektlosigkeit. Obwohl sie für die Familie kocht, hat das Buch Vorrang! Alfons: „Ich hätte schon längst das Kapitel fertig gelesen und dir die Petersilie geholt, wenn du dich nicht ständig aufregst!" Der Vater meldet sich jetzt auch zu Wort. Warum muss seine Mutter immer so ungeduldig und bestimmend sein? „Das war doch ein höflicher Vorschlag. Du könntest etwas geduldiger sein. Auch Kinder haben Anrecht auf Respekt!"

Was macht die alte Dame eigentlich so wütend? Es regt sie auf, dass Alfons sie partnerschaftlich behandelt. Hier geht es aber um den Respekt

vor der älteren Generation. Sie darf erwarten, dass er ihrer Bitte Vorrang vor seinem Bedürfnis einräumt. Außerdem fühlt sie sich nicht nur von ihrem Enkel, sondern auch von ihrem Sohn gekränkt. Er müsste doch zu ihr halten!

In Würde einlenken

Jugendliche haben andere Prioritäten und lassen nicht gerne mit sich kommandieren. Wahrscheinlich hätte die Oma mehr Verständnis gehabt, hätte Alfons seinen Vorschlag als Frage gebracht: „Ich möchte zuerst den Absatz fertig lesen. Ist dir das recht?" Vielleicht hätte sie zurückgefragt: „Wie lange dauert das?" Man hätte sich wohl rasch geeinigt. Ihr Ziel hätte die Oma auch mit Verständnis für den Widerstand erreichen können: „Ich weiß, es fällt dir schwer, mitten drinnen zu unterbrechen. Aber bitte, geh jetzt gleich!" Wenn auch dieses Argument nicht ankommt, wäre es besser, würdevoll einzulenken: „Dann warte ich eben!" Ist es wirklich wichtig, ob das Essen zwei Minuten früher oder später fertig ist? Kinder wissen es zu schätzen, wenn sie ernst genommen werden.

Umgekehrt: Warum sollte Alfons nicht seiner Oma zuliebe zurückstecken? Die Beziehung zwischen den Generationen ist vertikal, sie ist von anderer Natur als jene zu Gleichaltrigen. Es ist auch im eigenen Interesse, wenn Eltern dafür sorgen, dass die Enkel die Großeltern achten, ihnen zuliebe auch einmal etwas unterbrechen, auf etwas verzichten oder ihnen einen Dienst tun. Das sollte man nicht als etwas Lästiges sehen, sondern es ehrt die Jugend und gibt ihrem Leben eine positive, lebensbejahende Richtung.

Dienen ist Ehrensache

Unsere Gesellschaft ist geprägt vom Leistungsdenken. Jede Arbeit hat ihren Preis, was nichts kostet, ist nichts wert. Dies ist sicher ein Grund, warum die Arbeit in der Familie ein so geringes Ansehen hat. Wenn jede Leistung bezahlt wird: Wie steht es dann mit unserer Solidarität? Füreinander da sein, aus reiner Menschlichkeit?

Eltern stehen im beispiellosen Einsatz für ihre Kinder, ohne die geringste Gegenleistung. So will es die Natur, aber auch, dass wir unseren Nachwuchs in die Selbständigkeit begleiten und ihren Impuls zum Selbermachen, Lernen und Mithelfen unterstützen. Leider gibt es aber auch einen anderen Impuls: die Bequemlichkeit, der innere Schweinehund. Erziehung besteht vor allem darin, die kindliche Motivation zum Lernen und Mitmachen so zu unterstützen, dass das Kind Freude an der eigenen Leistung und am solidarischen Miteinander entwickeln kann.

Dass dies nicht ohne Diskussionen stattfindet, liegt auf der Hand. Unser Vorbild ist gefragt, aber auch der Mut zur fairen Auseinandersetzung, bei der auch eigene Interessen Platz haben dürfen.

„Ich bin ja nicht dein Diener!", hörte ich einmal aus dem Mund meines Sohnes. Meine Antwort: „Dann bin ich ja wohl der Obertrottel! Ich bin rund um die Uhr im Einsatz dafür, dass es euch gut geht! Dienen ist Ehrensache! Ich brauche dich jetzt! Bitte ..." und er tat, worum ich ihn bat.

Solidarität bringt Lebensqualität

Sind Menschen füreinander da und können sie sich aufeinander verlassen, erhalten sie ein Stück Lebensqualität, die man für Geld nicht kaufen kann. Wenn Kinder dies in der Familie erleben und ihren Beitrag geben lernen, werden sie froh und stark und haben die Sicherheit, die sie brauchen, um leistungsfähig zu werden und den Stürmen des Lebens gewachsen zu sein.
Menschen, die Verständnis und Sensibilität für die Bedürfnisse und Nöte der anderen haben, lernen soziale Kompetenz und Verantwortung zu übernehmen. Gerade darauf wird es ankommen, um Antworten auf die dringenden Fragen unserer Zeit zu geben.

Modernes Familienleben

Familie Lotus hat zwei Söhne, Lukas (10) und Karli (5). Die Eltern sind erfolgreich im Beruf und können ihren Kindern vieles bieten. Jedes hat sein eigenes Zimmer, seinen eigenen Computer und Fernseher. Nachmittags sind die Kinder im Hort und im Kindergarten, der Jüngere wird von einer „Nanny" abgeholt, bis die Eltern so gegen 19 oder 20 Uhr nach Hause kommen. Der Jüngere will die Mutter dann sofort in Beschlag nehmen, doch sie braucht zuerst ihre Ruhe, bis sie ihre Post durchgeschaut, die Nachrichten gehört und die wichtigsten Dinge in Ordnung gebracht hat. Deshalb dürfen die Kinder inzwischen ruhig noch ein Video oder eine Serie anschauen. Es bleibt gerade noch Zeit, die Schulsachen des Großen zu überfliegen, dann ist Zeit zum Schlafengehen. Die nutzt Karli zum Kuscheln mit der Mama. Er besteht noch auf Schnuller und Fläschchen und

schläft bei ihr im Bett. Kommt die Mama später, wartet er auf sie auf dem Sofa. Am Morgen kommt er schwer aus dem Bett, weshalb keine Zeit zum gemeinsamen Frühstück bleibt. Meistens besteht er auf Eis und dass Mama ihn anzieht. Am Sonntag ist Familienzeit. Doch auch jetzt gelingt es kaum, die Kinder zu gemeinsamen Mahlzeiten oder Aktivitäten zu bewegen. Jedes Kind isst lieber vor dem Fernseher. Schließlich sind sie das gewohnt. Der Vater hat längst schon resigniert. Die Kinder sind ihm zu anstrengend. Wie mag das Eheleben der beiden aussehen?

Ambivalenzen

Aufgrund des Altersunterschieds haben die Söhne unterschiedliche Interessen. Der Kleine geht dem Großen auf die Nerven, deshalb spielt er lieber allein oder „online" mit seinen Freunden. Karli lässt wissen: „Ich will ein Baby bleiben!" Will er etwas durchsetzen, heißt es: „Ich bin der König!" Wenn die Nanny etwas verlangt, meint er: „Bei der Mama muss ich das auch nicht tun!" Lukas sieht schon ein: „Du verlangst das von mir, weil du willst, dass ich selbständig werde!"

Kompensation

Da sich Karli in Wirklichkeit hilflos und nicht ernst genommen fühlt, kompensiert er mit Allmachtsfantasien. Dazu bekommt er via Medien ausreichend Nahrung und lebt sie aus, indem er mit Stöcken nach anderen Kindern schlägt oder Kleinere niederstößt.

Überfürsorge und Vernachlässigung

Eine interessante Mischung aus Überfürsorge und Vernachlässigung. Die modernen Medien machen es möglich, dass man unter einem Dach aneinander vorbei leben und zum Einzelgänger werden kann, verstärkt durch die Abwesenheit von Familienstrukturen, von elterlicher Führung, von herzhaft miteinander Tun und miteinander Streiten und von verbindlichen Vereinbarungen. Ist es nicht paradox: Die Kinder bekommen so viel und in Wirklichkeit doch so wenig!

Moderne Erziehungsfallen

Unsere Welt ist voll von Sachzwängen und Schwierigkeiten aller Art, weil Beziehungskrisen das Familienleben belasten oder Eltern einfach wenig Zeit für ihre Kinder haben. Die gesellschaftlichen und ökonomischen Rahmenbedingungen, insbesondere im Großstadtmilieu, in dem sich viele Familien sehr isoliert fühlen, sind eine zunehmende Erschwernis für Eltern und Kinder.

Falle schlechtes Gewissen

Weil sie ihren Kindern nicht immer die glückliche Kindheit bescheren können, wie sie es gerne hätten, haben viele Eltern insgeheim ein schlechtes Gewissen und neigen dazu, ihren Kindern zu viel durchgehen zu lassen und sie materiell zu verwöhnen. Dann werden Kinder fordernd und das Grenzensetzen fällt zunehmend schwer. Manche Eltern lassen die Kinder zu viel bestimmen und rechtfertigen sich mit der Illusion „Ich will, dass mein Kind selbständig wird." Das gelingt aber nur dann, wenn an die jeweilige Freiheit die dazugehörige Verantwortung geknüpft wird. „Kinder, die alles dürfen, werden Erwachsene, die nichts können", sagt der Volksmund. Kinder brauchen eine gesunde Frustrationstoleranz, die sie reifen und teamfähig werden lässt.

Falle Konkurrenz

Sobald Schwierigkeiten auftreten, neigt man dazu, dem anderen die Schuld zuzuweisen. Leicht schleicht sich ein Gefühl der Konkurrenz ein, man will dem anderen beweisen, der „bessere Elternteil" zu sein, was die Nachgebestrategie den Kindern gegenüber verstärkt, oder ein Elternteil bekommt die Rolle des „schwarzen Peter" zugeteilt. Das wirkt sich auch gefährlich auf die elterliche Beziehung aus. Gerade jetzt wäre es wichtig, dass die Eltern und auch andere Bezugspersonen sich auf eine gemeinsame Linie einigen, sonst nützen es die Kinder aus, um Erwachsene gegenseitig auszuspielen. In Wirklichkeit verlieren alle den Einfluss und gesunde Erziehung wird schwieriger. Verlierer sind letztendlich immer die Kinder.

Gelebte Werte

Niemand kommt im Leben drum herum, sich zu fragen, nach welchen Werten er sein Leben ausrichtet und ob die Work-Life-Balance stimmt. Der moderne Mensch ist in Gefahr, sich naiv manipulieren und von scheinbaren Sachzwängen unter Druck setzen zu lassen. Späte Vorwürfe helfen nicht, Kurswechsel und vorbeugen hingegen schon.

Kapitel 2

Entwicklung fördern

Die große Aufgabe von Eltern und PädagogInnen ist es, Kinder in ihrer Entwicklung zu fördern. Wir wünschen uns, dass sie ihre Talente voll entfalten, Ängste und Schwierigkeiten überwinden, glücklich und erfolgreich werden.

In den nachfolgenden Beiträgen möchte ich aufzeigen, welches Entwicklungspotenzial in scheinbar banalen Alltagssituationen steckt und wie Sie diese entwicklungsfördernd begleiten können. Es ist davon die Rede, wie Sie Kindern helfen, Mut, Einsicht, Selbstvertrauen und Zuversicht zu entfalten.

Allzu leicht hat man bei kleinen Pannen schnellen Trost bei der Hand oder wir sind eifrig bedacht, Schwierigkeiten aus dem Weg zu räumen oder Probleme für unsere Kinder zu lösen – ohne zu bedenken, dass sie gerade daran lernen und reifen können.

Wir werden immer wieder staunen, wie einsichtig und kompetent Kinder sein können, wenn wir einige Grundregeln beachten, denn – *Helfen will gelernt sein!*

„Sei schön brav und tu was ich dir sage!"

Wer hat nicht gerne brave und folgsame Kinder? Schließlich meinen es Eltern ja nur gut und die Befolgung ihrer Ratschläge und Vorschriften könnte Kindern viele schlechte Erfahrungen ersparen. Um wieviel wäre Erziehung leichter und unkomplizierter! Kindlicher Widerstand, beginnend mit dem Trotzalter bis hin zur Pubertät, kann ganz schön viel Nerven kosten. Deshalb ist für manche Eltern Gehorsam die oberste Tugend und sie zögern nicht, sich nötigenfalls mit Macht und Autorität durchzusetzen.

Überanpassung macht lebensuntüchtig

Haben Sie schon einmal versucht, sich vorzustellen, was passiert, würde Ihr Kind tatsächlich immer Ihren Wünschen nachkommen? Es würde lebensuntüchtig werden und an seiner Existenz kläglich scheitern! Warum? Aus ihm würde ein angepasster Jasager werden, der es nicht gelernt hätte, eigene Meinungen zu äußern oder zu verteidigen. Es hätte kein Durchsetzungsvermögen, da es nicht gelernt hätte, Konflikte auszutragen. Es könnte sich nicht wehren und würde häufig die Rolle des Opfers oder des Spielballs für andere einnehmen. Es hätte nicht gelernt, eigene Wünsche und Vorstellungen zu entwickeln und könnte sich selbst nicht wirklich spüren. Es wäre unsicher und wie fremd gesteuert.

Echte Motivation, Lebenskraft und Lebensfreude könnten sich nicht entfalten. Tiefe Depressionen bis hin zum Selbstmord könnten die Folge sein, oder aber auch plötzliche explosive Ausbrüche von Aggressionen.

Eltern sind „Reibebaum"

Gott sei Dank gibt es sie nicht, die Kinder, die nie widersprechen! Für uns Eltern ist es aber wichtig, zu wissen, wie wir mit kindlichem Trotz, Widerstand, Vorwürfen und Provokationen umgehen sollen, Fähigkeiten, die man lernen kann. Vor allem aber müssen wir verstehen, dass Konflikte ein natürlicher und wichtiger Bestandteil zwischenmenschlicher Beziehungen sind und wir für unsere Kinder die Funktion des Reibebaumes einnehmen. Es kommt darauf an, verständnisvoll und kompetent Grenzen zu setzen, in einer Weise, bei der das Kind sich verstanden fühlt und gleichzeitig Halt und Orientierung seitens der Eltern erfährt. Das kann fallweise sehr anstrengend sein und uns an unsere eigenen Grenzen führen. Auch Eltern sind Menschen in Entwicklung. Die ehrliche und liebevolle Auseinandersetzung mit kindlichem Widerstand kann ein wertvoller Faktor für das eigene persönliche Wachsen und Reifen der Eltern werden. Wer die Auseinandersetzungen mit Kindern mit Wohlwollen und Humor, anstatt mit verbissenem Ernst führt, wird dabei viel Heiterkeit und Frohsinn erleben.

Warum um Erlaubnis fragen?

Manchmal beobachte ich kleine Kinder, wie sie sich selbständig die Keks-packung aus Mamas Handtasche oder Lade holen, sich nach Belieben Essen und Getränke aus dem Kühlschrank nehmen, die Fernbedienung verwalten und ungefragt ein-, aus- oder umschalten. Die Kinder schalten und walten nach Belieben, ihren spontanen Impulsen folgend. Die Eltern wollen ihr Kind nicht unnötig einengen und freuen sich, dass es schon „so selbständig" sei und schreiten erst ein, wenn etwas passiert. Dann wird meistens geschimpft: „Kannst du nicht aufpassen?!"

Kinder nicht mit Freiheiten überfordern

In solchen Situationen wird Eigenständigkeit mit Führungslosigkeit ver-wechselt. Oft ärgert man sich, dass etwas angepatzt, Gegenstände kaputt gemacht oder verlegt wurden. Hier ist Toleranz fehl am Platz. Was Kin-der brauchen sind klare Regeln und Strukturen. Eine Regel sollte lauten: „Frag, wenn du was willst!" So lernt ein kleines Kind ein Nein zu akzep-tieren, sich über ein Ja zu freuen und zu danken.

Keine Halbherzigkeiten

Wenn kleine Kinder um Erlaubnis fragen, oder größere zumindest in-formieren, was sie vorhaben, dann behalten die Eltern den Überblick, können freundlich Dinge erlauben, vorzeigen, notwendige Anleitungen geben und zusehen (z.B. Saft eingießen), wie die Dinge achtsam und gewissenhaft erledigt und danach auf den Platz zurückgestellt werden. Dadurch schafft man Gelegenheit zu loben, Sicherheit und Ermutigung zu geben und Kinder lernen, Dinge ruhig, achtsam und konzentriert zu erledigen und gewinnen rasch an echter Kompetenz.

Die Schule der Achtsamkeit und des Respekts

Vor allem lernen Kinder auch, die Grenzen anderer zu respektieren – so wie auch wir nicht in fremden Taschen oder Schränken wühlen und nicht ungefragt einen Gegenstand aus den persönlichen Dingen des Partners nehmen. Umgekehrt sollten auch Erwachsene nicht ungefragt Gegenstände des Kindes verwenden, die Bastelschere oder ähnliches. Es soll erleben, dass auch seine Person mit demselben Respekt behandelt wird.

Ess- und Familienkultur

Lernen Kinder, nicht überall und jederzeit zu essen oder zu naschen, sondern Mahlzeiten gemeinsam einzunehmen, erleben sie Familienatmosphäre und Esskultur. Das stärkt die Beziehung und den gesunden Appetit, der weder zu Suchtverhalten noch zu Übergewicht führt.

Übrigens: Je respektvoller und verantwortungsbewusster Kinder sind, umso mehr Freiräume können wir ihnen gewähren.

Kinder lernen aus den Folgen

Diesen wichtigen und grundsätzlich richtigen Satz möchte ich einer genaueren Betrachtung unterziehen. Es muss uns Eltern und Erziehern klar sein, dass es in unserer Verantwortung liegt, zu entscheiden, ob sie die Folgen selbst schon verantworten können. Das wird vom Alter und Entwicklungsstand und von der Persönlichkeit und Einsichtsfähigkeit des Kindes abhängen.

Welche Folgen kann mein Kind schon selbst tragen?

„Wenn du ohne zu schauen über die Straße läufst, wirst du überfahren!" Einem Dreijährigen kann ich die Folgen nicht tragen lassen, weil lebensgefährlich. Zu seinem Schutz müssen wir Erwachsene Erklärungen, Gebote und Verbote aussprechen und Konsequenzen einbauen.

Auf die positive Formulierung achten!

Natürlich werden Konsequenzen lieber akzeptiert, wenn Sie darauf achten, sie positiv zu formulieren: „Wenn du an der Hand gehst, darfst du aus dem Kinderwagen!" „Wenn du deine Spielsachen einräumst, darfst du eine neue Schachtel ausräumen!" „Wenn du pünktlich nach Hause kommst, darfst du wieder zu deinem Freund gehen!"

Kinder nicht sich selbst überlassen

„Kinder lernen aus den Folgen": Hinter diesem schönen Slogan darf man nicht Verantwortung abschieben und Kinder mit ihren Problemen allein lassen oder die Aufsichtspflicht verletzen. Nehmen wir lieber in Kauf, uns durch strengere Regeln und Auflagen vorübergehend unbeliebt zu machen, bis unsere Kinder die Reife und Selbstdisziplin haben, die für ihre Sicherheit und ihren Erfolg im Leben notwendig sind.

Welche Maßnahmen passen?

„Wenn du dich nicht anziehst, gehst du im Pyjama in den Kindergarten!" Diese Maßnahme kann wirken, wenn ich damit rechne, dass mein Kind die spöttischen Blicke der anderen nicht ertragen und sich in Hinkunft brav anziehen wird. Was aber, wenn mein sensibles Kind danach den Spott der anderen Kinder nicht verkraftet? Ein anderes Kind völlig unbeeindruckt tatsächlich auch im Pyjama glücklich ist, vor allem wenn es spürt, dass es seine Eltern damit erpressen kann? Wenn es mir selbst nicht ins Konzept passt? Dann sollte ich mir etwas anderes einfallen lassen und meinem Kind vom Start weg klar machen, was zu seinen morgendlichen Pflichten gehört.

Die Verantwortung gehört den Erwachsenen

„Wenn du nicht lernst, wirst du die Prüfung nicht schaffen." Diese Erfahrung kann gelegentlich ein heilsamer Schock sein. Was geschieht dann allerdings, wenn mein Kind sein Schuljahr verhaut, seine Schulkarriere, seine Ausbildung? Was ist, wenn es Drogen nimmt und davon nicht mehr loskommt? Vergessen wir nicht, dass wir Erwachsene bis 18 für das Wohlergehen unserer Kinder und ihre Chancen für die Zukunft verantwortlich sind. Viele sind in Wirklichkeit auch dann noch nicht erwachsen, weil sie mit Freiheit verwöhnt wurden, aber nicht gelernt haben, die damit verbundene Verantwortung zu übernehmen.

Mein 16-jähriger Sohn kümmert sich nicht um die Beleuchtung für sein Moped? Vor den Folgen eines Unfalls will ich ihn bewahren – nicht aber vor dem Entzug der Nummerntafeln. Um zu wissen, welche Folgen mein Kind schon tragen kann, ist es wichtig, es zu beobachten und im Gespräch zu bleiben. Eigenverantwortung will gelernt sein, durch Konsequenzen und Bewährungsproben, nicht aber durch Überforderung mit Freiheit.

Langeweile: na und?!

Häufig klagt Richard, 7 Jahre, über Langeweile. Dann kommt die Mutter mit Vorschlägen oder sie lässt ihn wieder einmal vor dem Fernseher sitzen, erlaubt ihm dieses oder jenes oder engagiert sich halbherzig als Animateurin. Doch je mehr sich die Mutter für seine Langeweile zuständig fühlt, umso mehr macht sie sich von seinen Launen erpressbar und umso weniger wird Richard lernen, sich mit sich selbst zu beschäftigen, aktiv und eigenständig zu werden.

Passive Lösungen wie Fernseh-, Video und Computerkonsum behindern das Kind nicht nur in seiner sozialen Entwicklung, sondern auch die Reifung des Gehirns, der Konzentrationsfähigkeit, der Körperwahrnehmung und der Geschicklichkeit, welche durch kreative Spiele, Bewegung und aktives Tun wie von selbst passiert. Die Folge sind Hyperaktivität, Unselbständigkeit, mangelnde Leistungsfähigkeit, Vermeidungs- und Suchtverhalten – ein schlechter Start für die Schule.

Die kreative Langeweile

Langweile: Wo ist das Problem? Die schönsten und kreativsten Ideen entstehen aus einer Phase der Muße, des sich selber Spürens und des auf sich Besinnens. Warum sollten wir dies unseren Kindern ersparen? Die meisten Vorschläge der Mutter werden obendrein abgelehnt, weil sich

Richard intuitiv bevormundet fühlt. Wer kann schon genau wissen, was dem anderen entspricht? Wer kann für einen anderen essen? Wir können auch nicht für unsere Kinder leben. Das müssen sie selbst lernen.

Kinderprobleme von Kindern lösen lassen

Wir können sie unterstützen, indem wir auf die Klage: „Mir ist langweilig!", den Ball zurückspielen: „Ach so, was könntest du denn tun? Überleg mal! Du hast bestimmt eine gute Idee!" oder „Langeweile? Dafür bist du selbst zuständig. Lass dir was einfallen!" Eltern sind für das Beziehungsklima, das ruhige aber anregende Umfeld und Schutz vor Reizüberflutung zuständig. Kinderprobleme sollten jedoch von Kindern gelöst werden. Indem Eltern sie nicht an sich reißen, vermitteln sie zwischen den Zeilen: „Ich trau dir was zu!" Das wirkt!

Elternzeit mit liebevoller, aktiver Aufmerksamkeit ist für Kinder enorm wichtig. Doch sollten wir uns nicht als ihre Animateure einspannen lassen. Das überfordert Eltern und macht Kinder missmutig, unselbständig und fordernd.

Am Ponyhof

Die Familie macht Urlaub am Ponyhof mit dem 8-jährigen Alexander. Während er allein seine Runden dreht, rauchen und tratschen die drei Erwachsenen, schauen ihm flüchtig zu, wie er etwas hilflos und lustlos dahintrabt, mit gelegentlichen Ermahnungen wie: „Jetzt reit ordentlich! Sonst fahren wir heim!" Jedoch bekommt Alexander weder Anleitung, noch Unterstützung, noch Aufmerksamkeit.

Wie soll sich Alexander hier entfalten? Wenn es keinen interessiert, wenn keiner hilft, keiner zuschaut, keiner anspornt, verlieren die meisten Kinder den Spaß an der Sache. Sie müssen jemandem zurufen können: „Mama, schau was ich kann!" Und was soll die Aufforderung „Reit ordentlich!" bedeuten? Wie soll Alexander wissen, was „ordentlich" bedeutet, wenn es ihm nicht konkret gezeigt wird?

Immer sind die Erwachsenen für die Rahmenbedingungen zuständig. Wie wäre es, sie würden sich abwechseln, und einer wäre immer bei Alexander? Das würde sowohl seine Sicherheit als auch seine Motivation steigern. Zeit zum Tratschen bliebe auch dann noch genug.

Es reicht nicht aus, dass wir für unsere Kinder das Geld für teure Spielsachen oder Freizeitbeschäftigungen ausgeben. Unsere Aufmerksamkeit und Zuwendung ist gratis. Aber ohne sie ist das alles nichts.

Konzentration von klein auf fördern

Wie viel Konzentration und Ausdauer Kinder haben, hängt von ihrer individuellen Veranlagung ab, aber auch davon, ob man als Mutter oder Vater Ruhe, Freundlichkeit und Gelassenheit ausstrahlt oder Hektik und Nervosität. Darf mein Kind spielen, ohne gestört zu werden, ohne dass ihm ständig gesagt wird, wie es was tun soll? Darf es sich austoben? Kann es über seine Erlebnisse und Fantasien reden und wird ihm aufmerksam zugehört? Dann hat es die Möglichkeit, diese zu verarbeiten und innerlich ruhig, also konzentrationsfähig zu werden. Gibt es einen natürlichen Rhythmus zwischen Aktivität und Ruhephasen? Wie sieht es mit der Reizüberflutung der modernen Medienwelt aus? Fernsehen und Computerzeiten sollten sparsam dosiert und die Inhalte qualitätsvoll sein. Unter drei Jahren sollten Kinder am besten ganz darauf verzichten.

Dinge zu einem Abschluss bringen

Man kann aber auch lenkend unterstützen, um Ausdauer zu trainieren. Wenn mein Kind häufig mitten im Spiel unterbricht und sich etwas Neues holt, dann lohnt es sich nach-

zufragen: „Bist du schon müde?" „Magst du es nicht fertig machen?" „Du hast schon mehr als die Hälfte geschafft. Was glaubst du, wohin dieses Puzzleteil gehört?" Die Aufmerksamkeit wirkt unterstützend und das Kind ist motiviert, weiterzumachen und freut sich über seinen Erfolg. Bekundet es aber entschlossen: „Ich mag nicht mehr!", dann darf es wohl aufhören, aber das heißt nicht chaotisch aufspringen und alles liegen lassen. Das Motto sollte lauten: „Zuerst wegräumen, dann etwas Neues beginnen!"

Negative Bemerkungen meiden

Besonders vermeiden sollte man negative Zuschreibungen wie: „Du hörst immer auf, wenn es schwer wird!" „Du hast überhaupt keine Ausdauer!" Das klingt vorwurfsvoll und abwertend. Auch von Bemerkungen gegenüber Dritten wie „Er ist halt so unkonzentriert!" sollte man Abstand nehmen. Solche Aussagen wirken wie selbst erfüllende Prophezeiungen, nageln fest, lösen innere Abwehr aus und verstärken das unerwünschte Verhalten. Ständige Bewertungen sind Motivationskiller. Lassen wir unsere Kinder selbst darüber nachdenken, wie sie ihre Leistung beurteilen und stehen wir ihnen wie ein Coach zur Seite, um Kompetenz und Einsicht zu entfalten. Es ist unfair, Kindern ständig vorzuhalten, was sie alles nicht können. Schauen wir lieber auf ihre Erfolge und geben wir Hoffnung und Zuversicht, dass sich für jedes Problem eine Lösung finden lässt – und lassen wir sie dabei nicht allein.

Die bittere Medizin

Willy, 4 Jahre, weigert sich, seine Medikamente zu nehmen. Auch hat er den ganzen Tag schon nichts getrunken. Er hat hohes Fieber und es besteht die Gefahr der Austrocknung.

Jedes Mal ist es eine Diskussion, ein Verweigern, ein Brüllen, ein Zappeln. Die Mutter versucht es mit Erklärungen, gutem Zureden, Versprechungen „Wenn du brav bist, dann bekommst du …", schließlich mit Drohungen: „Wenn du jetzt nicht endlich den Mund aufmachst, bekommst du keine Geschichte!" Das Klima schaukelt sich auf, Willy wehrt sich mit Händen und Füßen, wird hysterisch, beschimpft und schlägt die Mutter. Sie ist verzweifelt. Sie hat die Verantwortung, meint es nur gut mit ihrem Sohn und wird von ihm so schlecht behandelt.

Ob gesund oder krank, wenn sich Kinder schlecht benehmen, sollten Eltern dies keinesfalls persönlich nehmen. Eltern sind Reibebaum, das ist natürlich. Es ist ihr Privileg, die schönen und die schwierigen Seiten der Kindheit zu erfahren.

„Bist du bereit?"

Willy braucht zunächst Verständnis dafür, dass ihm die Medizin so gar nicht schmeckt, dass es ekelig für ihn ist und dass er sich so gar nicht wohl fühlt. Das muss ihm kindgerecht gesagt werden, damit es bei ihm ankommt. Dann fühlt er sich erleichtert und darf all seinen Frust bei der Mama deponieren. Erst wenn Willy sich ganz und gar verstanden und angenommen fühlt, ist er reif für eine Erklärung, warum ihm gerade jetzt diese ekelhafte Medizin zugemutet wird, obwohl auch die Mutter es ihm viel lieber ersparen würde. Sie sagt ihm mit ruhiger Festigkeit, dass sie ihm das Medikament auf alle Fälle geben muss, und dass alles viel schneller und besser geht, wenn Willy mittut, anstatt sich dagegen zu wehren. Sie weiß, dass er schon sehr vernünftig sein kann, wenn er will. Sie fragt ihn, was er braucht, damit es leichter für ihn wird. Es kann auch eine Belohnung in Aussicht gestellt werden, wie kuscheln, eine schöne Geschichte, etc. Bevor es zu langatmig wird, schaut sie ihm tief in die Augen und fragt: „Bist du bereit?" Agiert Willy weiterhin hysterisch, muss die Mutter konsequent handeln. Am besten wickelt sie ihn in eine leichte Kuscheldecke, damit er nicht strampeln und schlagen kann und tut, was sie angekündigt hat. Danach wird er weiter gehalten, getröstet, liebevoll versorgt, ins Bettchen gelegt, etc.

Wenn sie Sicherheit und Verständnis spüren und dass man ihnen etwas zutraut, beginnen alle Kinder zu kooperieren und sind bereit, auch schmerzhafte Eingriffe zuzulassen.

Wer nie Stein des Anstoßes sein möchte,
wird nie den Stein ins Rollen bringen.

Jürgen Wilbert

Kapitel 3

Grenzen setzen

In seinem Streben nach Autonomie probt das Kind Durchsetzungsvermögen und begibt sich dadurch in Konflikt zu seinen Eltern.
Eltern sind tagtäglich in einer unerschöpflichen Vielzahl von Variationen gefordert, ihren Kindern Grenzen zu setzen. Je besser sie es dabei verstehen, liebevoll auf ihre Kinder einzugehen, umso weniger wird sie das schlechte Gewissen plagen, wenn sie nein sagen und den Protest des Kindes dabei ernten.

Kinder und Jugendliche vertrauen Erwachsenen, die es verstehen, einfühlsam, gerecht und konsequent Grenzen zu setzen, aber auch, diese altersgemäß zu lockern, weil sie es verstehen, eine Vertrauensbasis herzustellen und sie in Verantwortung einzubinden. Sie fühlen sich bei ihnen sicher und spüren ganz genau, ob ihre Bezugspersonen aus Liebe und zu ihrem Wohl handeln, oder ob vielmehr egoistische Motive und die eigene Bequemlichkeit ausschlaggebend sind.
Wer es versteht, in Liebe Grenzen zu setzen, leistet einen unverzichtbaren Beitrag zur gesunden Entwicklung des Kindes und schützt sich gleichzeitig vor Überforderung.
Allen Menschen, die mit Kindern zu tun haben, möchte ich ein Stück Reflexion und „Handwerkszeug" mitgeben, das zur Stärkung natürlicher Führungskompetenz beiträgt, damit Herz und Verstand, Intuition und konkretes Handeln eine gute Verbindung eingehen können.

„Jetzt sei endlich still!"

Das Flugzeug ist voll besetzt, Familie Huber ist mit zwei kleinen Kindern unterwegs. Es ist warm, es ist eng. Julia, eineinhalb, beginnt zu weinen. Die Mutter: „Beruhige dich bitte!" Julia verstärkt ihr Weinen. „Sei still, du belästigst alle Leute!" Julia brüllt. „Führ dich nicht so auf, jetzt sei endlich still!" „Sei ruhig, das bringt doch nichts!" Herzzerreißendes Weinen. Alle Versuche der Mutter oder des Vaters, auf das Kind einzuwirken, sind vergebens. Verzweiflung, Ärger, Hilflosigkeit. Die anderen Gäste schweigen, das Flugzeug steuert seinem Ziel entgegen. Nach langem Schreien schläft das Kind erschöpft ein.

Warum Appelle an die Vernunft nichts nützen

Es macht einen Unterschied, ob ein Kind aus Müdigkeit und Überforderung oder aus Protest schreit. In beiden Fällen jedoch muss man es emotional „abholen". Wenn wir das Bedürfnis haben, unserem Ärger Luft zu machen, dann nützt es uns nicht zu hören: „Beruhig dich! Sei doch vernünftig!" Gefühle lassen sich nicht verbieten. Weinen kann man nicht

durch Befehle und Appelle an die Vernunft abstellen. Das ist wie Öl ins Feuer gießen, darum weint Julia bei jedem „Beruhigungsversuch" umso lauter.

Ausweinen lassen

Was tun? Beschreiben wie das Kind sich fühlen mag: „Du bist müde, mein Schatz, das ist hier sehr anstrengend für dich!" Wenn es nicht möglich ist, die Kleine auf den Schoß zu holen, dann kann man zumindest versuchen, es zu streicheln. Verständnisvoll: „Du musst weinen und wir können gar nichts tun!" „Wein dich aus, dann geht es dir wieder besser!" „Wir haben dich lieb, ganz lieb!" Julia braucht emotionale Annahme, Trost und die Gewissheit, dass die Eltern aushalten, dass es ist wie es ist. Erst wenn man ein Kind weinen lässt, stellt sich ein, was man so sehr wünscht: es beruhigt sich. Dann kann man es eventuell auch ablenken und auf andere Gedanken bringen.

Ein Lob den Fluggästen: Sie konnten zwar auch nicht helfen, aber sie haben den Eltern unnötige Kommentare erspart.

Alexander lernt folgen

Alexander ist erst 10 Monate alt, aber schon sehr aufgeweckt und neugierig. Er krabbelt zum Bücherregal und schickt sich an, ein Buch herauszuholen.

Die Mutter beobachtet ihn und ruft ihm zu: „Alexander, nein!" Alexander dreht sich um, blickt die Mutter an und zögert. Doch die Bücher sind verlockend. Er greift wieder danach. Die Mutter wiederholt: „Alexander, nein!" Wieder dreht er sich um und lächelt verschmitzt. Er hat verstanden und überlegt, aber er kann noch immer nicht widerstehen. Die Mutter beobachtet ihn abwartend und sagt dann freundlich lockend: „Alexander, komm her!" und breitet die Arme aus. Jetzt folgt er und kommt ihr freudig entgegen.

Geduld, Aufmerksamkeit und Konzentration

Was kann man aus dieser kurzen Interaktion zwischen Mutter und Kind ableiten? Die Mutter hat Führungskompetenz bewiesen und ist von ihrem festen Nein nicht abgerückt. Ihre volle Aufmerksamkeit und Konzentration war erforderlich um ihren Willen gewaltfrei durchzusetzen. Dabei hat sie auch dem Kind Raum gegeben zum Zögern, Überlegen, Entscheiden – und ihre Anweisungen zu befolgen. Ihre Geduld und ihre Entschlossenheit waren für Alexander spürbar und auch ihre Liebe, denn sie blieb freundlich und bot ihm eine schöne Alternative an, ihre offenen Arme. Wäre er nicht gekommen, hätte sie ihn freundlich, aber bestimmt vom ‚Ort der Versuchung' entfernt.

Einander ernst nehmen

Alexander lernt folgen und sich gut dabei zu fühlen – denn er fühlt sich geliebt und ernst genommen. Seine Mutter hat sich während dieser kurzen Zeit voll auf ihr Kind konzentriert und dafür gesorgt, dass auch sie ernst genommen wird. Sie hätte nicht akzeptiert, dass Klein-Alexander ablenkt, sich beispielsweise zwischendurch mit etwas anderem beschäftigt, um die Mutter dann womöglich erst recht „auszutricksen".

Wenn wir wollen, dass Kinder folgen, brauchen wir Liebe, Aufmerksamkeit und hundertprozentige Präsenz. Dann wird das Folgen zur guten Gewohnheit und wir können auf Schimpfen, Schreien und Drohen verzichten – und Zeit und Nerven sparen.

Konsequenz ist erforderlich

Wichtig ist auch, dass die Mutter konsequent ist: Wenn Bücher tabu sind, dann sollten sie es immer sein, nicht heute so und morgen anders, sonst wird ein Nein immer schwerer akzeptiert und es wird für das Kind geradezu ein Spiel, die Grenzen auszuloten. Anders ist es, wenn Sie sich Zeit nehmen, um mit dem Kind gemeinsam darin zu blättern, seine Neugierde befriedigen, um es dann gemeinsam wieder an seinen Platz zu stellen.

Das scharfe Messer

David, 2, schnappt sich beim Frühstückstisch übermütig das scharfe Messer. Der Vater verlangt es zurück, David verweigert. Da nimmt es ihm der Vater gewaltsam aus der Hand. David heult. Der Vater lässt ihn ausweinen, dann geht er auf ihn zu, drückt ihn tröstend an sich und sagt freundlich: „Komm, was möchtest du essen?" David kehrt zum Tisch zurück und isst erleichtert und artig weiter.

Machtkampf in Würde

Entschlossenheit zusammen mit Versöhnlichkeit sind positiv zu bewerten, weil der Vater aus seiner Macht und Liebe heraus gehandelt hat. Doch war die Aktion gefährlich und hatte auch etwas Demütigendes an sich, weil Gewalt die Würde verletzt. Besser ist es, dem Kind nochmals eine Chance einzuräumen, das Messer freiwillig herzugeben und dabei Autorität zu demonstrieren: „Ich sage dir, bitte leg es zurück!" Entschlossenheit muss in Stimme und Blickkontakt liegen und es darf nicht zugelassen werden, dass David womöglich davonläuft. Wenn das Kind noch nicht einlenkt: „Du hast die Wahl: Du gibst es mir freiwillig oder ich nehme es dir weg!" Nachdruck: „Dann kann es sein, dass wir uns ver-

letzen. Das willst du doch nicht, oder!?" Es ist gut, ein paar Sekunden zu warten, denn das Kind braucht Zeit, um sich zu überwinden. Tut es das, ist die Wirkung viel größer, weil die väterliche Autorität weder Gewalt noch Gesichtsverlust enthält. Wenn nötig, kann der Vater noch zusätzlich motivieren: "Ich weiß, dass du ein guter, vernünftiger Bub sein kannst. Gib her!"

Auf Worte folgen Taten

Erst wenn auch das nichts nützt, muss die angekündigte Tat unverzüglich umgesetzt werden, auch wenn der Bub schreiend protestiert. In 99 Prozent der Fälle wird es nicht so weit kommen, besonders wenn Kinder wissen, dass Eltern meinen, was sie sagen. Ein Wort der Anerkennung ist wichtig, denn Nachgeben fällt niemandem leicht: "Du bist mein braver Bub!" oder einfach: "Danke!" Besonders wenn es um den Machtkampf geht, muss immer die Liebe dabei sein.

Der Zucker im Kakao

Mario, noch keine 3 Jahre, will alles selber machen. Seine Eltern unterstützen diesen Drang nach Selbständigkeit. Die Regel lautet: Was du dir selber nimmst, musst du auch austrinken. Doch Morgen für Morgen verzuckert er sich seinen Kakao, sodass er ihn dann selbst nicht mehr trinken mag. Ein anderes Mal versuchen die Eltern, ihn durch vernünftige Gespräche zu mehr Mäßigung zu bewegen. Aber nein: Wieder landen 6-7 Löffel Zucker im Kakao. Wieder gibt es Theater. Jedes Frühstück wird zur Nervenprobe.

15 Jahre später: Mario hat die Schule abgebrochen und nun schon die zweite Lehrstelle angetreten. Ob er es diesmal bei seinem Chef aushält? Und umgekehrt? Er weiß nicht so recht, was er will, hat wenig Durchhaltevermögen und lässt sich nicht gerne etwas sagen.

Nicht mit Selbstbestimmung überfordern

Was hat das mit dem Zucker im Kakao zu tun? Die Eltern haben Mario mit Selbstbestimmung überfordert. Durch sein Verhalten hat Mario gezeigt, dass es ihm an Reife fehlt. Er hätte mehr Führung gebraucht. Mit zwei Jahren etwa muss Mario akzeptieren, dass die Eltern seinen Kakao zuckern, mit drei darf er es selber tun: aber ein Löffel genügt!

Willenskraft und Disziplin

Die Selbstbestimmung ist eine zarte Pflanze. Sie kann nur gedeihen, wenn sie den Halt einer liebevollen Führung erfährt. Eigenständigkeit muss durch kleine Bewährungsproben errungen werden. Sie werden an den Fähigkeiten und der Ernsthaftigkeit des Kindes gemessen. Das Zauberwort heißt „du darfst …" So bekommen Willenskraft und Disziplin von der elterlichen Autorität den notwendigen Halt um stark zu werden und zu wachsen.

Kinder freuen sich, wenn sie bestimmen und wählen dürfen. Eltern sollten einen geschützten Rahmen vorgeben, der nicht zu eng und nicht zu weit sein darf. So kann man sich und dem Kind das morgendliche Theater kindlichen Eigensinns ersparen, welches im Grunde nur ein Zeichen von Überforderung ist.

„Häng deine Jacke auf!“

Thomas ist 4 Jahre alt, pfiffig, geschickt, intelligent. Die Eltern staunen oft, was er schon alles kann. Aber nach einem Spaziergang schmeißt er prinzipiell seine Jacke ins Eck, läuft ins Spielzimmer und meldet auf Ermahnungen flüchtig, wenn überhaupt: „Ja, jaaaah ...“ Thomas reagiert weder im Guten, noch im Bösen. Drohungen wie „Wenn du nicht sofort ...“ oder „Dann kriegst du keine Schokolade!“, lassen ihn unbeeindruckt. „Nach drei Stunden gebe ich auf“, meint seine Mutter und macht es selber.

Grenzen testen als kindliches Spielchen

Auf seine charmante, verspielte Art leistet Klein-Thomas erfolgreich Widerstand. Wie wichtig ist es eigentlich, dass Kinder Ordnung lernen? Überlegen Sie sich das, bevor Sie Ihr Kind auffordern, dieses oder jenes zu tun. Sind Sie aber der Meinung, es sei wichtig und zumutbar, dann müssen Sie dabei bleiben. Sonst lernt Thomas nur eines: „Was mir keinen Spaß macht, muss ich nicht tun“ – und macht ein lustiges Spielchen daraus, die Grenzen und Nerven der Eltern auszureizen.

Problemlösung „strategisch planen“

Wenn es sich so wie bei Thomas um eine immer wiederkehrende Schwachstelle handelt und unsere „frommen Bitten“ von Kindern nicht ernst genommen werden, kann es helfen, das Problem mit einer „strategischen Planung“ anzugehen. Machen Sie zunächst für sich Aufzeichnungen: Wann? Wie oft?

Unter welchen Umständen tritt das störende Verhalten auf? Was können Sie vom Kind schon verlangen? Was kann ihm dabei helfen? Prüfen Sie Zeit- und Rahmenbedingungen – ist der Haken in Reichweite, gibt es eine feste Schlaufe, die Thomas leicht greifen kann? Wann ist er vielleicht schon übermüdet und braucht Hilfe?

Verbindliche Vereinbarungen treffen

Kündigen Sie Ihrem Kind an, was Sie von ihm erwarten. Hören Sie sich seine Einwände an und fragen Sie nach seinen Vorschlägen, wenn Sie Regeln erstellen.

Volle Aufmerksamkeit

Bevor Sie nächstes Mal das Haus betreten, erinnern Sie Ihr Kind an die Vereinbarung mit der Jacke und den Schuhen. Bleiben Sie daneben stehen, bis die Sache erledigt ist, anstatt währenddessen etwas anderes zu tun. Helfen Sie nötigenfalls mit und lassen Sie nicht zu, dass Ihr Kind ohne Ihre Erlaubnis etwas anderes macht bevor es fertig ist. Lassen Sie vor allem nicht zu, dass es davonläuft, oder holen Sie es sofort zurück und gehen Sie erst dann zur Tagesordnung über, wenn die Sache wie vereinbart erledigt ist.

Dies erfordert oft äußerste Konzentration, bis sich Ihr Nachwuchs an das neue Verhalten gewöhnt und weiß, dass er Sie nicht mehr „austricksen" kann. Wichtig ist, dass Sie freundlich, aber bestimmt und konsequent auftreten.

Kooperation ist Ehrensache

Nachbesprechungen helfen Schwierigkeiten zu bereden und Erfolge zu würdigen. Ihr Kind soll ermutigt werden und Kooperation als Ehrensache erleben, über die sich beide Seiten freuen.

Der Doppeldecker

Christian (3) und Jürgen (5) teilen sich die letzten drei Stück des Milchstollens: Jürgen wählt das größere Stück, dafür kann Christian die beiden kleineren haben. Der kleine Bruder lässt sich Butter und Marmelade darauf streichen und isst es als Sandwich. Da ist der Größere enttäuscht: Einen „Doppeldecker" hätte er auch gerne gehabt. Worauf der Onkel meint: „Da brauchst du es nur auseinanderzuschneiden." Doch Jürgen ist frustriert und beginnt zu toben: „Nein, dann ist mein Doppeldecker ja kleiner als der andere!". Die Mutter, geduldig: „Schau Jürgen, wir haben leider keinen Stollen mehr. Du kannst aber noch eine Semmel haben." Statt Einsicht zu zeigen, tobt Jürgen weiter: Keine der angebotenen Möglichkeiten gefällt ihm. Die Mutter versucht zu trösten: „Nächstes Mal ..." Doch jedes gut gemeinte Wort wird mit dem Einwand: „Ich will aber nicht ..." abgeschmettert. Manchmal steigert sich Jürgen so richtig in seinen Trotz hinein, bis die gute Laune der ganzen Familie dahin ist, Mutters Geduld reißt, sie ihn beschimpft und vom Tisch wegschickt oder durch verlockende Versprechungen „kauft", je nachdem, damit er nur ja wieder Ruhe gibt.

Wie enge Grenzen Halt geben

Diesmal interveniert der Onkel und meint kompromisslos: „Entweder du isst jetzt deinen Stollen oder ich nehme ihn mir." Seine freundliche, aber feste Stimme und sein eindeutiger Blick lassen Jürgen verstehen, dass er es ernst meint. Jürgen schweigt und isst. Ende der Szene.

Was zeigt dieses Beispiel? Steigert sich ein Kind in Launenhaftigkeit und Trotz hinein, braucht es nicht mehr Freiheit und Wahlmöglichkeiten, sondern enge, klare Grenzen (entweder/oder), um Halt zu finden. Auch wenn sie kurz protestieren – Kinder lieben Menschen, die sie ernst nehmen und freundlich, aber bestimmt handeln. Ansonsten besteht die Gefahr, dass Jürgen sich zum kleinen Tyrannen hochstilisiert, der keine Frustrationstoleranz erwirbt und alles immer „besser, schöner, größer" als die anderen haben möchte.

Kindliche Reaktionen dieser Art sind normal und Jürgen ist noch lange kein „schlimmes Kind". Durch enger gesteckte Grenzen wird es auch der Mutter leichter fallen, ihre Freundlichkeit zu bewahren, anstatt von einem Extrem (Eselsgeduld) zum anderen (Niederbrüllen) zu schwanken und das Kind dadurch erst recht zu verunsichern.

Das Lied im Radio

Wenn Fabian, 3, mit seinem Vater im Auto sitzt und plötzlich ein Lied spielt das Fabian nicht gefällt, fängt er an zu kreischen. Schaltet der Vater nicht sofort um, wird Fabian hysterisch und tritt mit den Füßen gegen den Vordersitz, worauf dieser kontert: „So nicht! Heute gibt es keinen Spielplatz, weil du machst mir mein Auto kaputt!" Wenn der Vater hart bleibt, fällt Fabian zurück in die Babyphase, weint bitterlich, verlangt den Schnuller, lässt sich schwer beruhigen. Der Vater weiß, dass Fabian unausgewogen ist, weil er die Trennung seiner Eltern noch nicht verarbeitet hat.

Herunter holen und Eskalation vermeiden

Zunächst ist es wichtig, dass der Vater seinem Sohn hilft, seine Wünsche verbal statt durch Kreischen auszudrücken, indem er nachfragt: „Gefällt es dir nicht?" Auf Fabians Rückmeldung lenkt er entweder ein oder beginnt Verhandlungen. Entweder: „Mir gefällt es aber! Ich möchte es ger-

ne zu Ende hören. Kannst du das verstehen?" Lenkt Fabian ein, hat er an Reife zugewonnen. Dafür muss er gewürdigt werden: „Fein, dass du auf mich Rücksicht nimmst!" Wenn nicht, ist es angemessen, das Bedürfnis des Kindes zu achten und auf dieses Lied zu verzichten: „Wenn es dir nicht gefällt, kannst du mich bitten, auszuschalten!" Nichts spricht dagegen, diesem Wunsch nachzukommen, wenn er höflich geäußert wird.

Konflikte durchstehen

Selbst wenn sich ein emotionaler Ausbruch mit Tritten gegen den Vordersitz nicht verhindern lässt, ist mit Spielplatzverbot nicht geholfen. Lieber stehen bleiben und auf Florian eingehen: „Unglaublich, wie wütend dich so ein Lied machen kann! Aber meine Rückenlehne kann nichts dafür!" Sollte der Knabe weiter toben, dann kann ihn der Vater nehmen und fest halten, um weiteren Schaden zu verhindern, bis sich Florian beruhigt hat. Danach: „Können wir jetzt weiterfahren?" Bei nächster Gelegenheit wird Florian die Rückenlehne abwischen, zum Zeichen der Wiedergutmachung. Auf schimpfen und strafen sollte man verzichten.

Auch wenn Kinder sich nicht wohl in ihrer Haut fühlen, dürfen wir uns weder erpressen noch sie toben lassen, sondern wir müssen ihnen einen Ausweg aufzeigen, wie sie Beherrschung lernen und Einsicht entwickeln können, in einer Weise, dass sie sich gut und ernst genommen fühlen.

„Willst du's kaputt machen?!"

Der 4-jährige Felix spielt fasziniert mit den Jalousien. Er zieht sie hoch, lässt sie dann lustig hinunter sausen und wiederholt das Spielchen mehrere Male.

Der Vater: „Lass das. Das ist nicht vernünftig." Felix hört nicht. Vater, verärgert: „Willst du's kaputt machen?!" Felix beobachtet den Vater – und macht schelmisch lächelnd weiter. In solchen Situationen reden sich „geduldige" Eltern manchmal den „Mund fusselig", andere verlieren die Nerven und beschimpfen das „schlimme" Kind oder schlagen es sogar. Andere wiederum machen mal so mal so und irritieren das Kind durch ihre Unberechenbarkeit.

Worum geht es in einer solchen Situation denn wirklich? Für das Kind ist es eine Mischung aus kindlichem Spiel- und Experimentiertrieb, aber auch Machtkampf – es will die Grenzen des Vaters ausloten – beides natürliche kindliche Verhaltensweisen.

Warum hat nun die väterliche Intervention so wenig genützt? Der Ton des Vaters klang belehrend und enthielt negative Beziehungsbotschaften zwischen den Zeilen „du bist unvernünftig" und „ich unterstelle dir eine böse Absicht: du willst es kaputt machen". Außerdem sind rhetorische Fragen fast immer „ein Schlag ins Leere" oder ein „Bumerang", weil sie den Machtkampf anheizen. Bei Kindern gilt: Verständnis zeigen und Klartext reden.

Kindliche Bedürfnisse hinter Störverhalten anerkennen

Wenn Eltern Grenzen setzen, ist es gut, wenn Sie sich überlegen, welches natürliche Entwicklungsbedürfnis hinter dem störenden Verhalten steht und wie Sie es dem Kind ermöglichen können, dieses auf legitime Weise zu stillen. Verständnisvolles und klares Abgrenzen könnte sich z.B. so anhören: „Ich sehe, es macht dir Spaß, mit den Jalousien zu spielen (Verständnis zeigen). Das Problem ist nur, dass sie dabei leicht kaputt gehen können. (Sachargument). Bitte lass das!" (Klare Aufforderung).

Experimentierdrang versus Selbstbeherrschung

Natürlich werden auch die schönst formulierten Ich-Botschaften oft ignoriert. Für so einen kleinen Jungen ist die Faszination der Technik und des Spiels größer als seine Fähigkeit zur Selbstbeherrschung. Deshalb könnte der Vater seinem Sohn erlauben, seinen Experimentierdrang zu stillen, indem der sich die Zeit nimmt, das Ding mit ihm auszuprobieren, es ihn einige Male wiederholen zu lassen, ihm eventuell zu zeigen, wie das die Großen fachgerecht machen, Spaß daran zu haben, die Geschicklichkeit des Jungen zu loben – und aufzupassen, dass nichts kaputt geht.

Kontrolliertes Üben und Anleiten

Dann erfolgt die Abgrenzung: „Okay, weißt du jetzt, wie es funktioniert?"
Bei Zustimmung: „Gut, dann hören wir auf, damit nichts kaputt geht. Alleine darfst du nicht damit spielen. Verstanden?!" Zustimmung einholen und darauf achten, dass das Verbot ernst genommen und eingehalten wird, nötigenfalls mit Nachdruck und Konsequenz. Manchmal sind der Widerstand oder die kindliche Disziplinlosigkeit so groß, dass Sie viel Zeit aufwenden müssen, bis Grenzen selbstverständlich eingehalten werden.

Noch etwas: Ihr Kind wird sich leichter an Vereinbarungen halten, wenn Sie ihm dabei ein Mitspracherecht einräumen.

Halt durch Willenskraft

Solche Situationen sind eine wunderbare Gelegenheit, Kinder zu Achtsamkeit und Kompetenz zu erziehen und gleichzeitig die Vertrauensbasis und die Zuneigung zu festigen. Der feste elterliche Wille bietet dem Kind Halt, sodass der kindliche Wille selbst daran erstarken und echte Selbstbeherrschung eingeübt werden kann.

Wenn Stefan Löwe spielt

Wenn der 3-jährige Stefan oben auf der Rutsche steht, spielt er den Löwen. Er genießt es sichtlich, andere Kinder zu ärgern, indem er ihnen beim Vorbeigehen Angst macht und sie beim Rutschen behindert. In seinem „Spiel" hört er nicht auf die Ermahnungen seiner Mutter. Es ist auch zu hoch, um ihn von dort oben herunterzuholen. Als sie ihn doch endlich zu fassen bekommt, schlägt er kräftig um sich und tut ihr ganz schön weh. Außerdem schämt sie sich vor den anderen Eltern für das schlechte Benehmen ihres Sohnes. Als sie mit ihm reden will, läuft er davon.

Zum einen sei gesagt, dass solch kindliches Verhalten, das gleichzeitig etwas Verspieltes und Boshaftes an sich hat, etwas ganz Normales ist. Stefan hat ein großes Geltungs- und Machtbedürfnis und anscheinend viel

Energie und Fantasie. Das kann ihm im späteren Leben zugute kommen, vorausgesetzt, er lernt, diese Impulse sozial verträglich auszuleben.

Manche Eltern neigen dazu, die Unarten ihrer Kleinen zu verharmlosen, andere wiederum schämen sich und fühlen sich hilflos. Wieder andere reagieren mit brachialer Gewalt um ihnen das Böse „auszutreiben". Kinder werden geschimpft, bestraft, vielleicht sogar gezüchtigt. Sie werden nicht selten ins „böse Ecke" gedrängt und dort „festgenagelt". Wenn man aggressive Neigungen der Kinder nur unterdrückt ohne ihnen einen Ausweg anzubieten, werden Kinder entweder gebrochen oder gewalttätig.

Eltern müssen dafür sorgen, inakzeptables Verhalten ihrer Kinder zu unterbinden, denn sie sind für die Charakterbildung ihres Kindes verantwortlich und auch dafür, dass ihr Kind weder sich selbst noch andere schädigt oder gar gefährdet.

Wenn Sie das Gefühl haben, mein Kind hört nicht auf mich, es nimmt mich nicht ernst, auch in scheinbar unbedeutenden und harmlosen Situationen, so ist Handlungsbedarf. Dann hat das Kind oft unmerklich die Macht übernommen. Wenn es sich weigert, auf Sie zu hören, sich widersetzt und gar schlägt, bietet es den Machtkampf an. Da dürfen Eltern die Kontrolle über das Geschehen nicht verlieren.

In diesem noch harmlosen, alltäglichen Beispiel, das durchaus auch etwas Komisches an sich hat, besteht Handlungsbedarf auf mehreren Ebenen.

Unrechtsbewusstsein und Einsicht fördern

Versuchen Sie, ohne schimpfen und bewerten die Sache auf den Punkt zu bringen „Du, Stefan, merkst du, dass die Kinder erschrecken, wenn du sie anbrüllst wie ein Löwe?" Wahrscheinlich reagiert er mit einem verschmitzten Lächeln. „Was ist es eigentlich, was dir so Spaß dabei macht?" Wenn Sie keinen Druck machen, kann Stefan ehrlich sagen, wie sich so ein Lausbub fühlt, ohne dafür verurteilt zu werden. „Was gefällt dir so an einem Löwen?" Helfen Sie, das Positive herauszufiltern: der kann was, der ist überlegen, die anderen fürchten sich sogar vor ihm. Das Geltungsbedürfnis ist der wahre Motor, und es ist wichtig, dieses Bedürfnis anzuerkennen. Als nächstes sollten Sie Stefan helfen, sich in die Gefühle der anderen Kinder hineinzuversetzen.

Klare Position beziehen

Dann erst ist der Moment gekommen als Erwachsener Position zu beziehen: „Löwe spielen ist nur dann OK, wenn es auch den anderen Spaß macht." Sie können nachhaken: „Und wenn du ihnen den Weg blockierst, können sie hinunterfallen und sich verletzen!" „Denk mal darüber nach!" oder „Ich muss dich jetzt fest drücken, damit du weißt, wie lieb ich dich habe und möchte, dass aus dir ein braver Junge wird. Ich will nicht, dass du einer wirst, den keiner mag. Du bist ja mein lieber Stefan!" Dann machen Sie klar: „Wenn ich dich wieder dabei erwische, musst du sofort herunter und eine Weile neben mir sitzen bleiben. Wenn auch das nicht funktioniert, verlassen wir den Spielplatz!"
Damit Konsequenzen wirken, müssen sie gegebenenfalls ohne viel Reden in die Tat umgesetzt werden. Stefan muss wissen: An der Liebe seiner Eltern braucht er nicht zweifeln, aber schlechtes Verhalten wird nicht akzeptiert.

Die Jausenboxen

Als fürsorglicher Familienvater hat es Peter übernommen, täglich die Jausen für seine drei Kinder (7, 9, 11) herzurichten. Das macht er gerne, doch ärgert es ihn, wenn sie diese Jausenboxen achtlos in der Schultasche liegen lassen, anstatt allfällige Essensreste zu entsorgen und die Boxen in den Geschirrspüler zu stellen. Seine diesbezüglichen Bitten haben bislang kaum gefruchtet. Der Mutter erscheint die Konsequenz „dann bekommt ihr keine Jause" eine übertriebene Härte.

Was dahinter steckt

Die Kinder sind gut entwickelt, selbstbewusst und fröhlich. Es mag sich bei den Jausenboxen um eine Kleinigkeit handeln, aber steckt nicht viel mehr dahinter? Es ist verständlich, dass Kinder andere Dinge im Kopf haben, als Jausenboxen zu säubern. Aber ist es wirklich zu viel verlangt,

dass sie Verantwortung dafür übernehmen? Wie sollen sich Kinder ernst genommen fühlen, wenn wir ihnen nicht einmal das zutrauen? Und wie steht es um die Wertschätzung für den Vater? Besser wäre es, den Kindern das Gefühl vermitteln: Wir lieben euch, wir sorgen für euch und wir trauen euch etwas zu! Dafür lohnt es sich, ein bisschen Bequemlichkeit zu opfern und Achtsamkeit zu üben.

Erlernen von Verantwortung

Es geht vor allem um das Erwidern von Respekt und das Erlernen von Verantwortung – das ist wichtige Erziehungsarbeit. Versäumen wir dies, so vermitteln wir unseren Kindern, dass Eltern nur dazu da sind, ihrer Bequemlichkeit zu dienen. Eltern, die nichts verlangen, werden von Kindern auch nicht ernst genommen; gerade dann nicht, wenn es später um weit mehr geht als um Jausenboxen. Du sollst Vater und Mutter ehren, damit es den Kindern wohl ergehe! Das wünschen wir doch für sie und für uns, oder?

Freundlich und konsequent

Ein offenes Gespräch ohne Beschuldigungen, aber im Klartext, kann Kinder motivieren, sich kooperativ zu verhalten. Tun sie es nicht, geht der Vater davon aus, dass ihnen die Jause nicht wichtig ist, oder dass sie sich selbst darum kümmern – es sei ihnen überlassen. Oft müssen Kinder Konsequenzen spüren, um Wertschätzung zu lernen. Umso herzlicher werden sie sich bedanken, wenn das Jausenservice wieder aufgenommen wird.

Der zerschnittene Hamburger

Story frei nach Craig Hill „Die ewigen Wege": Nach der Sonntagsmesse kehrte der Vater mit seinem 4-jährigen Sohn ins Restaurant zum Mittagessen ein. Klein-Richard bestellte einen Hamburger. Da dieser zu groß für ihn war, zerschnitt ihn der Vater: „Da, jetzt kannst du ihn leichter essen!" Tränen liefen Richard aus den Augen: „Du hast ihn kaputt gemacht! Ich werde ihn nicht essen. Mach ihn wieder ganz, Papa!" „Das geht nicht!" Der Vater versuchte, Richard davon zu überzeugen, dass der Hamburger so viel besser zu essen sei. Es half weder Bitten noch Drohen. Nachgeben? Hart durchgreifen? Richard war keinen vernünftigen Erklärungen zugänglich. Er war blockiert, in einer Mischung aus Verzweiflung und Trotz. Nach einem Stoßgebet hatte der Vater eine Idee:

Die Würde des Kindes achten

In Wirklichkeit ging es gar nicht um den Hamburger, es ging um Richards Wert als Person. Der Vater hatte über seinen Kopf hinweg entschieden und gehandelt, ohne ihn zu fragen. Richard fühlte sich ignoriert, bevormundet, klein gemacht. Als er Richards Essen zerteilte, war er nicht höf-

lich genug, ihm vorher mitzuteilen, was er vorhatte, hatte den Teller einfach wie seinen eigenen behandelt. Kinder haben ein intuitives Gespür für ihre Würde. Als Richard protestierte, hatte der Vater noch immer nicht die Gefühle des Kindes ernst genommen, so als hätten sie keine Bedeutung. Er war zwar im Recht, doch Richard empfand ihn als willkürlich, lieblos und autoritär.

Sich entschuldigen kann Größe bedeuten

Deshalb entschuldigte sich der Vater bei Richard: „Es tut mir leid, ich habe einfach gehandelt ohne dich zu fragen. Wenn du willst bestellen wir einen Neuen." Da ging ein Leuchten über Richards Gesicht. Er meinte plötzlich erstaunlich vernünftig: „Nein Papa, das ist nicht nötig. Du hast ja Recht. So kann ich ihn viel leichter essen!" Der Vater staunte. Der Schlüssel zum Herzen seines Sohnes war es, seine Person und seine Gefühle zu würdigen. In glücklicher Eintracht verzehrten die beiden ihre Mahlzeit.

Kapitel 4

Kindliche Provokationen

Das Schwierige an kindlichen Provokationen ist, dass sie uns emotional erschüttern, weil wir uns als Eltern oder Erzieher persönlich angegriffen oder in Frage gestellt fühlen.

Provokationen sind eine Herausforderung zum Machtkampf oder Ausdruck kindlicher Not – oder beides zugleich.

Eltern tun gut daran, die Provokationen ihrer Kinder nicht persönlich zu nehmen, dafür aber umso aufmerksamer auf die dahinter liegenden Frustrationen zu achten und ihre Kritik auch ernst zu nehmen. Wenn wir es verstehen, kompetent auf Angriffe zu reagieren, enthalten diese sehr viel Potenzial um Konflikte zu bereinigen und Vertrauen wieder herzustellen.

Kinder haben ein Gespür für unsere Schwächen. Je mehr wir versuchen, sie zu vertuschen, umso stärker rütteln sie daran. Da hilft nur eines: ehrliches Bemühen und Authentizität.

In manch schmerzlichen Erfahrungen spüren wir am deutlichsten, wie sehr Liebe und Respekt zusammen gehören – für beide Seiten.

Der Schlangenfraß

Viktor, 13, stellt gerne Ansprüche, ist aber wenig bereit, sich in Schule und Haushalt einzubringen. Am liebsten sitzt er vor dem Computer, was häufig Streit verursacht. Nach einem stressigen Arbeitstag bereitet die Mutter schnell eine Mahlzeit zu. Als sie ihren Sohn wegen einer Kleinigkeit ermahnt, nimmt er den Teller und schmeißt dessen Inhalt auf den Boden: „So einen Schlangenfraß esse ich nicht!" Die Mutter ist außer sich: „Das putzt du sofort auf, sonst kriegst du gar nichts zu essen!" „Mir doch egal!" Viktor knallt die Tür und verschwindet in seinem Zimmer. Vom Wegputzen ist keine Rede. Sie weiß: Demnächst bedient er sich aus dem Kühlschrank. Er weiß: Irgendwann gibt sie auf. Den Boden putzt sie.

Ein Teufelskreis: Weil Viktor nicht kooperiert, macht die Mutter Druck. Weil sie Druck macht, kooperiert er nicht. Viktor agiert, die Mutter reagiert. Er ist widerspenstig und abhängig zugleich. Kein Wunder wenn er negative Gefühle entwickelt.

Nicht auf Provokationen einsteigen

Provokation ist eine beliebte Strategie, gerade bei Pubertierenden. Wer darauf mit Befehlen und Erpressungen reagiert, dreht an der Gewaltspirale. Die Mutter „spielt" auf stark und steht in Wirklichkeit auf verlorenem Posten. Den Befehl der Mutter auszuführen, bedeutet für Viktor Gesichtsverlust. Daher

wäre es besser, gar nichts zu sagen, in Ruhe weiter zu essen, aber auch kein Essensangebot zu machen. Viktor darf sein Hungerproblem selbst lösen. Haben sich die Emotionen gelegt, kann sie gelassen die Lösungsfrage stellen: „Wer putzt den Boden?" Sollte wieder ein freches „Du" von Viktor kommen, dann nachfragen: „Überlege dir, was du stattdessen für mich tun kannst!" Viktor wird verstehen, dass er Verantwortung übernehmen, aber nicht gedemütigt werden soll.

Rechte und Pflichten definieren

Eine Nachbesprechung ist unbedingt erforderlich. Für die Mutter gilt es zu überlegen, wer wofür zuständig ist und wie sie aus eingefahrenen Mustern aussteigen können, am besten mit professioneller Hilfe. Was kann er gut? Was macht ihm Spaß? Wie können die beiden ein gutes Team bilden? Beide sollten auf einer partnerschaftlichen Ebene ihre Rechte und Pflichten definieren. Die Mutter kann durchaus helfen, aber nicht die Verantwortung abnehmen. Das Mindeste ist, dass Viktor um Hilfe bittet, wenn er sie braucht, anstatt zwangsbeglückt zu werden. Wenn sie respektvoll, authentisch, berechenbar und konsequent ist, wird auch ihr Sohn lernen zu respektieren, zu kooperieren und Verantwortung für sein Leben und seine Taten zu übernehmen.

„Du blöde Mama!"

Sagt Nena, 3 Jahre, völlig überraschend und ohne ersichtlichen Anlass zu ihrer Mutter. Diese reagiert spontan, aber ohne übertriebene Entrüstung „Das finde ich aber gar nicht schön!" Das Kind beobachtend bemerkt sie, insgeheim lächelnd, dass ihre Tochter testen will, was die im Kindergarten aufgeschnappten Worte bewirken und wie viel Macht sie damit ausüben kann.

Rechtzeitig und angemessen reagieren

Einige Zeit später schmeißt das Töchterlein dem Opa eine grobe Beleidigung an den Kopf. Hier ist die Mama etwas strenger und meint: „Du bleibst hier auf dem Stuhl sitzen, bis du dich entschuldigt

hast!" In wenigen Minuten ist der Vorfall erledigt und Nena mit Opa versöhnt. Bald darauf ist die Schimpfphase überwunden. So leicht kann das gehen, wenn Eltern rechtzeitig, konsequent und ohne Übertreibungen reagieren und vor allem, wenn sie es nicht persönlich nehmen. Hofft man darauf, dass sich schlechte Gewohnheiten von alleine legen, wird man meist enttäuscht, weil das Kind sich nicht ernst genommen fühlt, wenn keine Reaktionen kommen oder die plötzliche Überreaktion der Eltern nicht verstehen oder akzeptieren kann.

Zorn und Groll müssen raus

Sollten hinter den Beleidigungen negative Gefühle stecken (das Kind beschimpft mich beispielsweise, weil ich etwas verboten habe), so müssen zuerst diese Gefühle ausgedrückt und anerkannt werden. Sind die schlechten Gewohnheiten verhärtet, sollte man keineswegs einen beinharten Machtkampf austragen, sondern in einem ruhigen Moment über das Problem reden, Widerstände anerkennen, nach den dahinter liegenden Ursachen forschen und gemeinsam nach Lösungen suchen, wie das Kind sein Verhalten kontrollieren und bessern kann. Aktives Zuhören und Ich-Botschaften sind angesagt, denn sie ermöglichen uns, Verständnis, Echtheit und Vertrauen auszudrücken. Mit diesen dreien und der angemessenen Konsequenz lassen sich nahezu alle Probleme lösen

Der boshafte Streich

Theresa, 4, ist ein liebes, aufgewecktes Kind. Doch manchmal startet sie aus heiterem Himmel heraus einen kleinen Bosheitsakt. Neulich sperrte sie der Mutter die Balkontür zu und beobachtete genüsslich deren Hilflosigkeit, drückte die Nase gegen die Scheibe und setzte ein schadenfrohes Lächeln auf. Am dritten Stock ohne Handy, das Baby in der Wiege, war Theresa die Herrin des Augenblicks. Die Mutter versuchte ruhig zu bleiben, doch stieg in ihr die Wut hoch. Sie erklärte Theresa wie wichtig es sei, sie wieder hineinzulassen und bat sie höflich, die Türe zu öffnen. Nach einer längeren Weile war Theresa endlich so gnädig, die Bitte der Mutter zu erhören. „Theresa, das war nicht in Ordnung. Was glaubst du, was da alles hätte passieren könnten?", rügte die Mutter das Kind.

Zu viel Selbstbeherrschung wirkt unecht

Wie kommt es, dass Kinder boshaft sind? Theresa wird liebevoll und völlig gewaltfrei erzogen! Ist es die Eifersucht auf den kleinen Bruder? Mag sein, dass davon etwas mitschwingt. In der Situation war es bestimmt vorteilhaft, die Nerven zu bewahren. Doch mir scheint, dass Theresa die Mutter zu wenig spürt und deshalb deren Grenzen provokant austestet: Vor lauter Selbstbeherrschung wirkt sie unecht und hilflos, zwei Eigenschaften, welche zu Provokationen reizen. Kinder können nicht Kind sein, wenn sie Erwachsene als hilflos erleben: „Wie lange muss ich dich noch reizen, damit du endlich authentisch reagierst?", ist die stille Botschaft.

Echte Gefühle mit Salz und Pfeffer

Wir brauchen keine Beschimpfungen und Prügel. Eltern können aber lernen, ihren „heiligen Zorn" so loszulassen, dass ihre berechtigte Wut raus und beim Kind ankommt, ohne es zu verletzen, wenn sie in der Ich-Form reden. Zum Beispiel so: „Theresa, was erlaubst du dir eigentlich, mich hinauszusperren? Weißt du, wie wütend ich bin? Du genießt es sichtlich, deiner Mama einen Streich zu spielen und ich bin voller Sorge um dich und deinen Bruder! Jetzt geh mir aus den Augen! Ich muss mich zunächst einmal beruhigen!" Die Ich-Botschaft hat dann gewirkt, wenn sich Theresa kleinlaut in ihr Zimmer begibt oder sich schüchtern um Versöhnung bemüht. Die Mutter muss zeigen, dass sie auch einmal böse sein kann.

Das ernste Gespräch zur Versöhnung

Später muss sie ein ernstes Gespräch im Guten führen: „Theresa, was ist denn los mit dir? Wie kommst du auf solche Ideen?" Dann muss sie das Kind anhören, ohne weiteren Druck zu machen. Wichtig ist auch, ihm einen Ausweg aufzuzeigen: „Kann es sein, dass du dich manchmal ein bisschen vernachlässigt fühlst wegen deinem kleinen Bruder?" „Ja, das kann ganz schön anstrengend sein, immer das vernünftige große Mädchen sein zu müssen ..." Beschreibend, nicht beschuldigend: „Da kriegst du einfach einen Zorn und willst es mir heimzahlen." Ernst: „Aber so geht das nicht! Wenn du ein Problem hast, dann sag es mir!" Zum Schluss: „Du bist meine liebe Tochter und ich bin deine liebe Mama. Darum darf so etwas nicht mehr vorkommen. OK?" Mit einem bekräftigenden Nicken und einer herzlichen Umarmung endet das Gespräch. Theresa bekommt ein positives Bild von sich selbst und ist motiviert, ihre guten Seiten zur Entfaltung zu bringen.

Protest: „Der Papa ist blöd!"

Weil Ute, 11, nicht folgen will, verordnet ihr der Vater: „Bis morgen Früh schreibst du mir zehnmal: „Ich muss dem Papa folgen!" Am nächsten Morgen präsentiert Ute ihren Zettel, auf dem zehnmal steht: „Der Papa ist blöd!" Über die Schlagfertigkeit seiner schlauen Tochter muss der Vater, dessen Groll längst verflogen war, lachen. Damit geht man zur Tagesordnung über.

Eine höchst brisante Situation, in der Ute vermittelt: „Ich nehme dich nicht ernst!" Ob mit kluger Argumentation, frechen Einwürfen, oder indem sie ihren Vater auf schelmisch-charmante Weise „um den Finger wickelt" – meist setzt sich Ute durch. Will er seiner geliebten Tochter gegenüber einen Hauch von Autorität wahren, muss er zu verbaler Brachialgewalt greifen, wie in obigem Beispiel. Ein echtes Eigentor!

Teenager nicht wie Kleinkinder behandeln

Zum Ersten müssen Eltern rechtzeitig lernen, ihre größer werdenden Töchter und Söhne nicht wie Kleinkinder zu behandeln. Wir müssen mit gutem Beispiel voran gehen, sie ernst nehmen, ihre Gefühle respektieren und in Problemlösungen einbeziehen. Dann werden sie sich kooperativ verhalten, sinnvolle Regeln und notwendige Grenzen respektieren.

Der Respekt muss gewahrt bleiben

Der Vater hat gut daran getan, die Sache mit dem Strafzettel nicht tierisch ernst zu nehmen. Doch Utes Respektlosigkeit kommentarlos hinzunehmen, das war ein Fehler, denn sie schließt daraus: „Der Papa lässt sich alles gefallen!", verliert den Respekt und wird die Strategie bei nächster Gelegenheit wieder anwenden.

Einlenken und umpolen

Ohne weiteres hätte der Vater einlenken und Ute sagen können: „Das mit dem Strafzettel war keine gute Idee. Da wolltest du es mir zeigen! (Situation aus Utes Sicht darstellen) Aber dieser Ton passt ganz und gar nicht! Wir sollten auf andere Weise Lösungen finden! Reden wir heute Nachmittag darüber!" Inzwischen kann er sich überlegen, welche Grenzen sinnvoll sind, welche Argumente er verwendet und was er erreichen möchte. Der Vater kann in der Situation ruhig lachen, wenn er es zum Lachen findet. Wir müssen uns Kindern gegenüber nicht verstellen. Sie durchschauen uns ja doch! Vor allem aber sollte er nicht den starken Mann spielen, das lädt zu Provokationen förmlich ein. Ehrlich und authentisch kommt am besten an, gerade auch bei Konflikten.

„Stinkepapa, ätschi, pätsch!"

Augustin, 4, spielt gerne mit Papas Handy. Er nimmt es einfach und als Papa es zurückverlangt, läuft er keck davon und schreit: „Ätschi, pätsch, erwischt mich eh nicht!" Vater: „Das ist mein Telefon! Ich brauch das!" (unwirksamer Appell an die Vernunft) Augustin lacht: „Fang mich doch!" Vater, beschwichtigend: „Da bin ich bös! Ich brauch das Telefon, ich will damit telefonieren!" Augustin: „Aber ich will jetzt spielen!" Er läuft davon. Der Vater, unsicher, genervt, geht ihm nach: „Das kann kaputt gehen. Jetzt gib's endlich her!" Augustin grinst und läuft weiter. Vater läuft hinterher. Als Augustin sich bedrängt fühlt, wirft er das Telefon in hohem Bogen weg. Vater: „Na, warte!"

Zwischen Hilflosigkeit und Zorn

Wie reagieren da die meisten Eltern? Entweder sie schimpfen, schicken das Kind ins Kinderzimmer oder verpassen eine Tracht Prügel. Es wird als „schlimm" abgestempelt. Damit besteht jedoch die Gefahr, dass Augustin eine „Und-jetzt-erst-recht!"-Mentalität entwickelt. Wenn Eltern zwischen Hilflosigkeit und Zorn schwanken, entsteht fast unweigerlich eine Gewaltspirale.

Wohl gemerkt, solches Verhalten ist ein ganz natürliches Austesten von Macht und Grenzen im Kindesalter. Man darf dies keinesfalls anstehen lassen, auch wenn sich's anfangs lustig und drollig anmutet.
Genauso wenig darf man es persönlich nehmen. Wie kann man so etwas in den Griff bekommen?

Mögliche Alternativen:

Vater: „Das Telefon gefällt dir! (Kleine Pause, damit Augustin dieser Aussage nachspüren und sich verstanden fühlen kann) „Aber es gehört mir! Bring es zurück!" (Klartext). Augustin grinst, läuft weiter weg. Vater geht ruhig auf ihn zu: „Gib es her!" er streckt die Hand aus. Augustin zögert. Vater: „Ich mag es dir nicht aus der Hand reißen. Bitte!!!"
Der Vater agiert weder böse noch hektisch, sondern mit ruhiger und entschlossener Stimme und Geste. Er lässt Augustin kurz Zeit zum Reagieren. Augustin wird ihm mit 90 % Wahrscheinlichkeit das Telefon überreichen. Vater, kurz und wertschätzend: „Danke!" Oder der Vater sagt: „Leg es hierher!" Ein neutraler Platz in Reichweite kann für Augustin motivierender sein, weil er dabei weniger Machtverlust erlebt, als es dem Vater direkt in die Hand zu geben.

Wenn das alles nicht fruchtet, dann ist ein Ultimatum angesagt: „Wenn du es nicht hergibst, muss ich es dir wegnehmen!" Man darf Augustin erst als allerletzte Möglichkeit das Handy mit ruhiger Überlegenheit aus der Hand nehmen. Der Machtkampf muss vom Vater gewonnen werden, aber auf souveräne und respektvolle Weise. Danach Schweigen, Körperkontakt, damit Augustin die sichere und wohlwollende Überlegenheit des Vaters spüren kann. Beschimpfungen dürfen nicht sein: Eine Nachbesprechung ist unbedingt erforderlich.

Kapitel 5

Schule und Lernen

Was eine gute Schule und erfolgreiches Lernen ausmachen, darüber wird derzeit viel diskutiert. Die Herausforderung mit dem „Ernst des Lebens" kann für manche Kinder und deren Eltern mit erheblichem Stress verbunden sein. Doch gerade wenn Ihr Kind Schwierigkeiten hat, sich in der Klassengemeinschaft zurechtzufinden oder den Anforderungen des Unterrichts zu entsprechen, ist es besonders wichtig, dass es zu Hause einen sicheren Hafen vorfindet, dass die Eltern es mit Verständnis und Besonnenheit begleiten, damit das Erbringen von Leistung mit Freude und das Erlernen von Pflicht und Verantwortung zu einer inneren Haltung wird, die im Einklang mit den natürlichen Entwicklungsbedürfnissen und Möglichkeiten des Kindes steht.

Viel Verständnis, gute Rahmenbedingungen und einfühlsame Kommunikation helfen dem Kind, so manche Hürde zu nehmen. Eltern sollten vermitteln „Schule ist wichtig, aber noch wichtiger ist, dass es dir gut geht, dass du dein Bestes gibst, aber keine Angst davor hast, einmal zu versagen. Das gehört zum Lernen dazu!" Vor allem aber sollte jedes Kind sicher sein können, dass es so wie es ist, geliebt wird, unabhängig von seiner Leistung.

Jedes Kind muss spüren, dass man ihm etwas zutraut. Seinem Kind vertrauen, das versetzt Berge. Bei Bedarf kann Nachhilfe eine vorübergehende Lösung sein, denn oft findet ein Schüler in einem weiteren Pädagogen einen neuen Zugang zur Thematik. Kinder können von Eltern und

Pädagogen zu Versagern und Außenseitern gemacht werden, indem sie überbehütet oder allein gelassen werden. Wir sollten unser Bewusstsein dafür schärfen, dass es keinesfalls dazu kommt.

Genauso wichtig ist die Zusammenarbeit zwischen Schule und Elternhaus. Auch unsere PädagogInnen brauchen unser Vertrauen und unsere Unterstützung. Kinder dürfen vor berechtigter und konstruktiver Kritik nicht reflexartig in Schutz genommen werden. Ihr Kind muss spüren, dass Sie hinter ihm stehen, aber nicht alles durchgehen lassen, sondern gemeinsam nach Lösungen suchen.

Fördern – fordern – überfordern

Die Förderung der Eigenständigkeit kann nicht früh genug beginnen. Es kann aber auch des Guten zu viel getan werden: Eigenständigkeit um jeden Preis: Wenn die Not der Kinder mit einer Beschwichtigung „Du kannst das eh' schon so gut!" „Das geht doch ganz leicht!" überhört oder nicht ernst genommen wird, wenn Kinder mit Aufgaben belastet werden, die eine Nummer zu groß für sie sind oder in ihrer Häufigkeit eine Überforderung darstellen. Allerdings können Kinder auch von zu viel Freiheit überfordert sein, indem ihnen nicht ausreichend oder in der richtigen Weise Grenzen gesetzt werden.

Eine Überforderung ist es für Kinder auch, zu früh allein gelassen und unbeaufsichtigt zu sein. Da hilft es nur wenig, zu sagen: „Wenn es ein Problem gibt, ruf einfach an!" Selbst wenn es keine Katastrophe gibt: die mangelnde Geborgenheit prägt sich in der Kinderseele ein.

Ermutigung und Anerkennung

Wie sollen Eltern den Unterschied zwischen Förderung und Überforderung erkennen, wenn doch Kompetenzen und Leistungsvermögen von Kind zu Kind sehr unterschiedlich sind? Was einmal schon geklappt hat, kann am anderen Tag wieder Angst machen. Wird ein Kind ermutigt und erhält Anerkennung, ist es motiviert, über sich selbst hinauszuwachsen, eine Hürde zur nächsten Entwicklungsstufe zu nehmen.

Druck und Lächerlichmachen bewirken das Gegenteil

Wenig hilfreich ist: „Aber sei doch nicht so ängstlich!" oder „Du musst aber schon …!" Fehler machen muss erlaubt sein, damit das Üben Spaß macht und Rückschläge nicht aus der Bahn werfen. Das Nein des Kindes akzeptieren.

Druck, Drohungen und Lächerlichmachen verstärken Angst, Abwehr oder Widerwillen. Da nützt nur eines: Dem Hindernis auf die Spur gehen, Einwände ernst nehmen und das Kind dabei unterstützen über den eigenen Schatten zu springen. Das erreicht man, indem man ihm hilft, Ängste auszusprechen und einfühlsam und mit Geduld gemeinsam nach Lösungen zu suchen.

Überforderung ist kontraproduktiv

Durch Überforderung können sich Kinder im Stich gelassen fühlen und resignieren: „Das schaff ich sowieso nicht!" Dann erreichen Eltern oft genau das Gegenteil von dem, was sie sich wünschen: Leistungsbereitschaft und Leistungsfähigkeit. Die Zuneigung der Eltern sollte jedenfalls niemals davon abhängig sein.

„Dir gefällt ja gar nichts!"

„Dir gefällt ja gar nichts, was ich mache!" Die Mutter ist betroffen, als sie diesen Vorwurf von ihrer 6-jährigen Annette hört. Sie wollte nur, dass ihre Tochter sorgfältiger ihre Hausübung macht. Die Buchstaben waren gar zu flüchtig hingeschmiert. Annette fügt selbstsicher und schnippisch hinzu: „Die Frau Lehrerin findet das gut genug!" Die Mutter weiß, dass ihre Tochter schöner schreiben kann. Krank machenden Druck will sie jedoch keinen ausüben. Soll sie sich überhaupt einmischen, da die Lehrerin mit den Leistungen ihrer Tochter offenbar zufrieden ist?

Welche Botschaft versteckt sich hinter den Worten?

Um angemessen zu reagieren, ist es wichtig, den versteckten Botschaften dieser Aussage nachzuspüren. Ist es die Verzweiflung und Überforderung meines Kindes? Dann ist Verständnis angebracht und das Bemü-

hen, mein Kind zu entlasten. Oder hören Sie heraus: „Ich mag mich nicht anstrengen" oder „Das geht dich nichts an!" Dann versucht mein Kind, unbewusst aber gekonnt, mich mit seinem Vorwurf zu manipulieren, um sich's leicht zu machen. Dann ist es ein verdeckter Machtkampf. Wie soll es weiter gehen, wenn eine 6-Jährige nicht mehr auf die Mutter hört?

Die Einstellung zum Lernen überprüfen

Statt sich zu rechtfertigen könnte die Mutter freundlich zurückfragen: „Wie kommst du darauf?" (Erklärungsbedarf beim Kind). In einem klärenden Gespräch geben Sie Ihrem Kind die Möglichkeit, seine Einstellung zur Schule und zur eigenen Leistung zu hinterfragen und Einsichten zu gewinnen. Stehen Sie dazu, dass Sie von Ihrem Kind eine ernsthafte Lernhaltung und die Bereitschaft, sein Bestes zu geben erwarten – unabhängig davon, ob seine Leistungen besser oder schlechter als der Durchschnitt seiner Mitschüler sind. Vielleicht hilft es auch, Ihrem Kind klar zu machen, dass für Sie sein Bemühen wichtiger ist als das Ergebnis. Es soll sich bemühen, es so gut wie möglich zu machen – seine spätere Position im Leben soll ja auch so gut wie möglich sein, und nicht einfach „gut genug für dich!"

Gute Gewohnheiten einprägen

Ihr Interesse und Ihre Ermutigung sorgen dafür, dass sich Ihr Kind geliebt und ernst genommen fühlt. Gerade zu Beginn der Schullaufbahn werden wichtige Einstellungen und Gewohnheiten geprägt. Diese dürfen nicht von der jeweiligen Laune abhängig sein. Ihr Kind wird es Ihnen eines Tages danken.

Der tägliche Machtkampf beim Lernen

Bei aller Notwendigkeit des Grenzensetzens sollten wir uns auch ehrlich die Frage stellen: Warum ist mein Kind so widerwillig und bockig? Was kann ich tun, um bessere Rahmenbedingungen zu schaffen? Braucht es Hilfe?

Hannes, 8, macht nicht gerne Hausübung. Die Mutter ermahnt ihn: „Setz dich hin und lern!", nach einer Weile kommt sie wieder und merkt, dass er verträumt vor sich hinguckt: „Jetzt setz dich endlich hin und tu was!" Nach einer Weile hat er erst einige Striche getan: „Du trödelst schon wieder! Also, wenn du deine Hausübung nicht sofort erledigst, gibt es Fernsehverbot!" Endlich hat er seine Hausübung mehr oder weniger widerwillig gemacht. Beim Abendessen wird dem Buben „gut zugeredet".

Die Eltern kommen so richtig in Fahrt. Das Kind macht sich klein und lässt den „sauren Regen" auf sich nieder prasseln. Weil es aber immer noch nicht erwartungsgemäß reagiert, verstärken sie ihre Bemühungen, bis der Bub nur noch krampfhaft schweigt oder frech aufbegehrt.

Wenn Kinder „auf Durchzug" schalten

Eltern und Kind sind im schönsten Teufelskreis gelandet. Die Eltern begründen: „Weil er so faul ist müssen wir so viel schimpfen!" Das Kind empfindet: „Weil sie dauernd schimpfen, vergeht mir die Lust!" Wenn Hannes die

„Ohren zumacht", so ist das reiner Selbstschutz. Er erträgt es nicht mehr, ständig ermahnt, kritisiert und erpresst und zu werden. Wie würde es Ihnen gehen, wenn Ihr Chef Ihnen ständig nur Ihre Schwächen vor Augen führt und ständig zu verstehen gibt, dass er Sie für eine Niete hält? Sicher nicht aufbauend!

Wer ist schuld?

Diese Frage hilft nicht weiter. Beide Seiten drehen mit viel Energie an diesem Teufelskreis. Die Frage muss lauten: „Wie kommen wir da wieder raus?" „Wie können wir diese Abwärtsspirale stoppen und das Rad in die Aufwärtsrichtung drehen?" Die Hauptverantwortung gehört den Eltern, nicht dem Kind! Sie müssen sich fragen: Was hat das Verhalten meines Kindes mit mir zu tun? Was kann ich tun, um das Muster zu durchbrechen? Wie kann ich mein Kind motivieren, konstruktiv an einer Verhaltensänderung mitzuarbeiten? Elternbildung und Beratung können helfen, die eigenen „blinden Flecken" zu erkennen und konstruktive Lösungen zu finden, die das Selbstbewusstsein und die Eigenverantwortung des Kindes stärken.

Provokation mit Lernkartei
Oder: Wenn das Lernen verweigert wird

Als die Mutter zur vereinbarten Zeit mit dem Elfjährigen lernen möchte, verstreut dieser provokant die Lernkartei-Karten auf den Boden. Die Mutter genervt: „Hör auf damit! Du musst das sofort wieder einsammeln!" Valentin kontert: „Mach ich nicht! Brauch ich nicht mehr!" Er knallt die Tür und verschwindet in seinem Zimmer.

Die Mutter ist verzweifelt: Valentin ist Legastheniker und hat eine ausgeprägte Rechenschwäche. Außerdem fällt er oft durch sein störendes Verhalten auf. Seit er in die Schule geht, dreht sich alles ums Lernen: Um ein Minimum an schulischer Leistung zu schaffen, muss Valentin täglich stundenlang üben, auch Samstag und Sonntag wird nicht pausiert.

Nicht auf Versagen festnageln

Im Unterricht ist Valentin gleichzeitig gestresst und gelangweilt. Es werden ihm ständig seine Schwächen vor Augen geführt. Es ist, als würde man von einem Sportler mit Beinbruch verlangen, Hochleistungen zu erzielen. Sein Selbstwertgefühl ist im Keller. Alles ist defizitorientiert. Um vor sich selbst sein Gesicht wahren zu können, reagiert er, indem er auffällt.

Wer wie ein Kleiner behandelt wird, benimmt sich wie ein Kleiner

Auch das Kartenschmeißen ist Ausdruck seiner inneren Not. Er braucht zunächst Verständnis für seine Emotionen. Es müssen mit ihm gemeinsam Lösungen gesucht werden, damit er lernt, Eigenverantwortung zu übernehmen. Wenn er sich klein behandelt fühlt, benimmt er sich auch wie ein Kleiner, nur Widerwille und Machtkampf nehmen zu.

Verschiedene Erfolgserlebnisse ermöglichen

Eltern und Lehrer müssen sich fragen: Was ist Valentin für ein Mensch? Wo ist er gut? Was kann er? Was braucht er? Die Eltern müssen ihm vor allem das Gefühl geben, dass sie ihn lieb haben, ihm zuhören, ihn ernst nehmen, so wie er ist. Er braucht mehr Auszeit: Bewegung, Ausflüge, soziale Kontakte und Betätigungsfelder, bei denen er erfolgreich sein kann, neben gezielter schulischen Förderung. Auch das Einbinden in Alltagspflichten ist wichtig und hilft Kindern, sich verantwortlich zu fühlen und sich zu bewähren.

Ein Leben neben dem Lernen

Valentins Leben darf nicht nur aus Lernen bestehen. Dann wird er auch wieder mehr Interessen und mehr Freude am Leben entwickeln. Wenn er bei der Herausforderung Lernen aktiv mitbestimmen kann, wird er bereit sein, sich anzustrengen und die Lernerei wird kürzer, dafür aber effektiver werden.

Lernen mit allen Sinnen

Lernen ist mehr als Wissensvermittlung. Zu Sokrates' Zeiten machte man sich mit den Schülern Gedanken über den Lauf der Welt. Die klassische Erziehung legte gleichermaßen Wert auf Wissenschaft, Ethik, Literatur und Kunst.

Unermüdlich probieren und forschen Kinder, bis sie ein Problem gelöst haben. Sie erforschen Raum und Zeit, erkennen Zusammenhänge, üben bis zur Perfektion. Eingetrichtertes, abstraktes Wissen hingegen, mit Druck verabreicht, erzeugt Widerstand.

Kleine Kinder lernen mit allen Sinnen und haben Freude daran. Am besten sind jene Kinder auf die Schule vorbereitet, die sich laufend, kletternd, spielend, beobachtend und experimentierend austoben konnten, umgeben von Dingen des täglichen Lebens, umgeben von Pflanzen und Tieren und einer freundlichen, ermutigenden Familienatmosphäre, die zum Nachahmen und Mitmachen einlädt, wo Kinder ihre Energie und

Fantasie in einem geschützten Ordnungsrahmen ausleben können. Die moderne Hirnforschung bestätigt: Je mehr Sinneskanäle aktiviert und lustvolle Erfahrungen gemacht werden, umso größer der Lernerfolg. Positive oder negative Gefühle spielen eine enorme Rolle beim Aufnehmen und Merken von Lerninhalten.

Ein gesundes Kind kennt keine Langeweile. Anders bei Kindern, die vor dem Bildschirm ruhig gestellt, mit virtuellen Bildern, Reizen und vorgefertigtem Spielzeug überfordert werden. Sie haben weniger Gelegenheit, echte Erfahrungen zu machen, Geschicklichkeit zu üben, ihre Fantasie, Motorik und Feinmotorik zu trainieren. Ein Grund mehr für die Schule, hier gegenzusteuern. Jedes Kind sollte seinen Möglichkeiten und Begabungen gemäß anerkannt und gefördert werden. Geschicklichkeit, Fantasie, musische, kreative und soziale Begabungen sollten aufgewertet und damit jedem Kind mehr Chancen auf Erfolg aufgetan werden. Das abstrakte schulische Erlernen der Kulturtechniken und anderem würde dadurch nicht vernachlässigt, sondern erhielte zusätzliche Nährstoffe. Lernen ist mehr als Wissen anhäufen und speichern, das ist heutzutage jederzeit per Knopfdruck abrufbar. Der moderne Mensch muss verantwortungsbewusst, teamfähig, mutig und offen sein für neue Erfahrungen und braucht kreative Problemlösungskompetenzen. Darauf muss die Schule vorbereiten.

Vom Lernen
Gute Rahmenbedingungen für Schulanfänger

Lernen hat viel mit Regelmäßigkeit und Training zu tun. Zum Einüben guter Gewohnheiten gehören auch gute Rahmenbedingungen.

Vom richtigen Zeitpunkt

Bei den meisten Kindern ist der richtige Zeitpunkt für die Hausaufgaben ehest möglich, nach einer kurzen Pause nach dem Essen. Die Lernzeit muss im Voraus vereinbart werden. Vor allem die schriftlichen Arbeiten sind am besten gleich zu erledigen, lesen und üben kann man auf später verschieben. Aber auch diese Aufgaben sollten einen fixen Platz im Tagesplan haben.

Der Lernplatz

Schulanfänger machen ihre Hausübung gerne nahe bei Mama oder Papa, also z.B. in der Wohnküche oder im Wohnzimmer. Wichtig ist, dass dieser

Platz aufgeräumt ist und nur die für das Lernen benötigten Gegenstände in Reichweite sind. Hefte, Stifte, Radiergummi, etc. müssen vorbereitet und geordnet sein. So können Sie auch beobachten, ob Ihr Kind zu Unterbrechungen, Trödeln und Ablenkungen neigt und gleich am Anfang vorbeugen. Hinterher muss das Kind den Arbeitsplatz aufgeräumt und sauber hinterlassen, auch den eigenen Schreibtisch.

Die passende Atmosphäre

Gibt es mehrere Geschwister, muss sich während der Lernzeit jedes still beschäftigen oder diese Zeit im Garten oder in einem anderen Zimmer verbringen. Erledigen Sie alles im Vorfeld, wodurch das Kind eine Unterbrechung verlangen könnte: Hunger, Durst, WC. Geben Sie dem Kind vor dem Lernen ein Glas Wasser zu trinken und schalten Sie alles aus, was die Konzentration stören könnte. Nicht vergessen, kurze Pausen einzuplanen, bei denen es aufstehen, etwas trinken oder Obst essen kann. Längere Unterbrechungen, die das Kind vom Thema herausreißen, sind hingegen kontraproduktiv, vor allem das Fernsehen.

Ein guter Start

Sie können die Wichtigkeit des Beginns unterstreichen, indem Sie nachfragen: „Brauchst du noch etwas? Bist du bereit?" und „Ruf mich, wenn du fertig bist oder etwas brauchst." Ihr Kind sollte zwischendurch nicht einfach aufhüpfen und dazu hundert Anlässe finden. Hier können Sie vorbeugen, indem Sie die Regel aufstellen, dass das Kind Abweichungen von sich aus und im Vorhinein bekannt geben muss (z.B.: „Ich muss aufs Klo"). So ersparen Sie sich lästiges Nachfragen und Kontrollieren.

Wie viel Mithilfe und Kontrolle sind angemessen?

Manche Schulanfänger wünschen, dass sich Mama oder Papa neben sie hinsetzt und zusieht. Das mag anfänglich passen. Besser ist es, in der Nähe zu bleiben und zu sagen: „Schreib diese Zeilen fertig und dann sehen wir es uns gemeinsam an." Beantworten Sie Fragen, die das Kind schon selber wissen sollte, nicht sofort, damit es nicht denkfaul und von Ihnen abhängig wird. Stellen Sie lieber Gegenfragen, die das Kind zur Lösung hinführen: „4 plus 3? Nimm deine Finger und zähl nach!" Sie verschaffen ihm ein Erfolgserlebnis und können bestätigen: „7, ja, richtig!" Nach kurzer Zeit wird es genügen, wenn Sie die Hausübung am Ende ansehen, Positives hervorheben und Fehler selbst suchen lassen.

Nach dem Abendessen gibt es Schultaschenkontrolle, um sicher zu stellen, dass nichts übersehen und alles für den nächsten Tag eingepackt wurde.

Beziehung fördert Entwicklung

Beachten Sie vor allem die Grundregel: Beziehung fördert Entwicklung. Der Mensch ist von Natur aus ein soziales Wesen und kann sich nur in Beziehung zu anderen Menschen entwickeln. Die Freude über den schönsten Erfolg ist nur halb, wenn niemand da ist, der daran Anteil nimmt. Das erfährt man heute auch in Managementseminaren über Mitarbeiterführung. Ohne Ihre Anteilnahme verliert das Kind das Interesse an Dingen, die es an sich interessiert hätten und es ist weniger motiviert sich zu entwickeln, dazuzulernen oder gar, sich anzustrengen. Durch Ihre Zuwendung aber wird die Leistung mit einer positiven emotionalen Rückmeldung gekoppelt und Ihr Liebling ist motiviert, seine Möglichkeiten zu entdecken, zu experimentieren und zu lernen.

Kapitel 6

Tugenden fördern, schlechte Eigenschaften korrigieren

Bei diesem Kapitel geht es darum, wie Eltern das Sozialverhalten ihrer Kinder lenkend beeinflussen können. In der traditionellen Sicht früherer Tage waren es vor allem Gebote und Verbote, um kindliches Verhalten in gewünschte Bahnen zu lenken, was oft genug in einen Kampf gegen die natürlichen Triebe und Anlagen des Kindes mündete, aus Angst, man könnte das Erziehungsziel „soziale Eingliederung" verfehlen. Die Auswüchse einer „Dressurakt"-Erziehung wurden zu Recht von der modernen Pädagogik angeprangert.

Es schien, als würden Erziehung und Entwicklung einander widersprechen. In Wirklichkeit sind es nur zwei unterschiedliche Pole, die es in Harmonie zu bringen gilt. Kinder brauchen nun einmal die Unterstützung von an Werten orientierten Erwachsenen, um mit ihren Schattenseiten zurechtzukommen. Wenn Eltern sich ihrer Vorbildwirkung bewusst sind, mit Verständnis führen und natürliche Autorität verkörpern, dann vermitteln sie Halt und Disziplin und können auf das Korsett der „schwarzen Pädagogik" verzichten. Dann wird sich echtes positives Sozialverhalten als Frucht von Reife und Einsicht auf ganz natürliche Weise entfalten.

Es geht hier also lediglich um eine Fortsetzung und Vertiefung des Kapitels „Entwicklung fördern", indem ich einige spezifische Themen herausgreife. Ich möchte keine Patentrezepte liefern, sehr wohl aber einige psychische Grundregeln herausarbeiten und deutlich machen, dass erzieherisches Handeln gerade dann gelingt, wenn es auch gleichzeitig entwicklungsfördernd ist.

Der wilde Sebastian und die Kinderparty

Sebastians Mutter ist verärgert: Als sie vorhin auf Tonis Geburtstagsparty waren, da ging es ziemlich heftig zu. Das Wetter war nass und kalt, und so spielten die Kinder drinnen. Sie fingen an, in der ganzen Wohnung herumzulaufen und es wurde immer lauter. Jeden Moment hätte etwas kaputt gehen können. Mehrmals rief die Mutter ihren Sohn, doch er dachte nicht daran, hinzugehen. Zu Hause angekommen, schimpft sie mit ihm. Soll sie ein Fernsehverbot verhängen? Oder was sonst? Wie soll die Mutter Sebastian beibringen, sich ordentlich zu benehmen und auf sie zu hören? Können Strafen etwas bewirken?

Nachbesprechung: konstruktiv und verständnisvoll

Meiner Meinung nach reicht es aus, wenn die Mutter schimpft, ihren Frust raus lässt, weniger über das Laufen als über die Tatsache, dass er

nicht gehört hat, als sie rief. Dabei sollte sie sich an Ich-Botschaft halten, also ihren Frust raus lassen, ohne ihn dabei zu beleidigen. Danach kann sie sich anhören, was er dazu zu sagen hat und darauf eingehen. Sie sollte grundsätzlich Verständnis dafür haben, dass Laufen und Lustigsein auf einer Geburtstagsparty mehr als normal ist und wissen lassen, dass sie nichts dagegen hat, dass die Kinder Spaß haben. Dabei führt sie das Gespräch mit ihm so, dass Sebastian Reue und Einsicht entwickeln kann, nicht auf die Mutter gehört zu haben. Dann werden Regeln vereinbart oder in Erinnerung gerufen. Die Mutter lässt sich das Versprechen geben, dass Sebastian nächstes Mal achtsamer sein und auf die Mutter hören wird und bedankt sich für das Gespräch. Die Sache ist damit abgehakt. Strafen sind nicht erforderlich und eher kontraproduktiv, solange nichts Boshaftes oder Freches im Spiel war.

Passende Rahmenbedingungen und Regeln

Vor dem nächsten Anlass darf die Mutter nicht vergessen, Sebastian die Vereinbarungen in Erinnerung zu rufen. Vorteilhaft wäre es, die Gastgeberin zu fragen, was für sie in Ordnung ist und welche Unterstützung sie braucht, damit die Dinge nicht ausufern. Man sollte die Kinder im Auge behalten und gegebenenfalls lenkend eingreifen, indem man ein ruhigeres Spiel vorschlägt. Die Nachbarn sind am besten schon vorgewarnt, damit sie sich auf die Kinderparty einstellen können. Wer klug ist, macht rechtzeitig Schluss, damit die Kinder auch beim Aufräumen mithelfen können. Fremden Kindern sollten die Regeln des Hauses gleich zu Beginn bekannt gegeben werden. Wer Klarheit schafft, behält den Überblick und kann das lustige Treiben auch selbst genießen.

.

Kindlicher Schabernack

Es war ein schöner Sommertag. Nach dem Essen legte sich eine ältere Dame zum Ausruhen ins Gras hinter die Büsche. Die Kinder, die unweit davon spielten, erspähten sie und hielten inne. Plötzlich warfen sie ein Bockerl in ihre Richtung. Die Frau schenkte der Sache keine Beachtung und döste weiter. Etwas später näherten sich die Kinder neugierig und warfen etwas Erde auf sie. Als sich die Frau aufrichtete, waren sie schnell auf und davon.

Ganz ohne Reaktion wollte die Frau nicht bleiben. Nach einer Weile, als sich die Kinder wieder näherten, richtete sie sich auf und fragte freundlich: „Stört es euch, wenn ich mich hier ausruhe?" Schnell und etwas verlegen versicherte ihr ein Bub: „Nein, nein ..." worauf die Frau erwiderte: „Das freut mich!" Nie mehr wieder wurde sie belästigt, im Gegenteil:

Wenn sie den Kindern in der Wohnhausanlage begegnet, wird sie freundlich gegrüßt.

Kindliche Unarten

Was lernen wir daraus? Wir sollen kindliche Unarten nicht tolerieren,
aber diese auch nicht überbewerten. Es tut gut, wenn Erwachsene Verständnis dafür haben, wie Kinder „ticken". Ein ungewöhnlicher Anblick
fordert heraus. Es hat etwas Spielerisches an sich, wenn Kinder Erwachsene testen und necken. Ähnlich würden sie sich auch einem schlafenden
Hund nähern und weglaufen, wenn dieser sich regt.

Eine andere Taktik

Statt schimpfen oder drohen hat die Frau eine andere Taktik gewählt: Sie
hat eine Frage gestellt, die in den Kindern Verständnis für ihre Bedürfnisse bewirkte und den Unsinn ihres Tuns erkennen ließ. Damit hatten
sie nicht gerechnet. Eine durchaus wohl verdiente Rüge blieb aus, das
erzeugte in den Kindern Erleichterung und Sympathie für die Frau.

Durch Freundlichkeit Respekt verschaffen

Ein freundliches Wort, auch in Situationen, die eigentlich Anlass zum Ärger geben könnten, wandelt die Herzen und schafft Respekt für den anderen. So können Kinder gutes Benehmen lernen und die Beziehungen
zwischen den Generationen gedeihen. Nützen wir jede Gelegenheit für
ein gutes Wort, gerade dann, wenn man es sich am wenigsten erwartet!

„Die Lena-Tant' ist schiarch"

Hören wir uns folgenden Dialog zwischen Niko, 5, und seiner Mama an. Niko: „Ich mag nicht, wenn die Lena-Tant' kommt!" Mama: „Warum magst du sie nicht?" Niko: „Weil sie schiarch ist!" (= hässlich) Mama: „So etwas sagt man doch nicht! Die Lena-Tante ist eine liebe alte Dame!" Niko: „Sie ist blöd!" Mama: „Das stimmt doch gar nicht. Hör mal, wie redest du daher?! Die Lena-Tante bringt dir immer etwas Gutes mit!" Niko: „Mir doch egal!" Mama: „Jetzt sei nicht so frech! Du musst dich ordentlich benehmen!"

Die Mutter hat Mitleid mit der alleinstehenden alten Dame, die sich gerne hin und wieder bei ihr ausquatscht und ihr die ewig selben Geschichten erzählt. Doch mit ihrer süßlichen Art kommt sie bei Niko nicht an. Er hasst es, wenn sie mit ihrem dunklen Kopftuch daherkommt und die Mama stundenlang in Beschlag nimmt.

Negative Gefühle zulassen

In unserem Dialog versucht die Mutter, Niko gute Manieren beizubringen, indem sie ihm zuerst seine Gefühle ausredet und zuletzt mit der „autoritären Masche" kommt. Doch die negativen Gefühle stauen sich nur an, weil er sich unverstanden fühlt. So kann man Kinder zu „Revoluzzern" oder Heuchlern erziehen, aber nicht echtes Mitgefühl vermitteln. Wichtig ist, dass die Mutter durch aktives Zuhören nachfragt, was hinter „schiarch" und „blöd" eigentlich steckt und dass sie ihrem Sohn seine Abneigung zugesteht. Dann erst kann sie um Verständnis bitten und Lösungsvorschläge machen.

Wem ist was zumutbar? Balance durch Abgrenzung

Vielleicht muss die Mutter selbst mehr darauf achten, sich abzugrenzen. Das ist wichtig, um in der Balance zu bleiben. Kinder sagen uns direkt, wenn es ihnen zu viel wird. Das können wir von ihnen lernen. Überlegen wir auch, was wir einem Fünfjährigen und einer alten Dame zumuten können und was uns selber gut tut. Dann werden wir gemeinsam Wege finden, Geduld, Mitgefühl und Offenheit miteinander zu verbinden. Die Gebote der Höflichkeit werden dann nicht zu einem Dressurakt, sondern zu einer natürlichen Eigenschaft.

Vom Schubsen und Stoßen

Bis vor kurzem war Paul, 4, ein liebes Kind, die Freude seiner Eltern, die es ihm an Zuwendung und Aufmerksamkeit nicht mangeln lassen. Auch seine etwas älteren Cousins und Cousinen gehen sehr liebevoll mit ihm um. Doch seit einiger Zeit entwickelt er mancherlei Unarten ohne ersichtlichen Grund.

So fängt er beispielsweise mitten im gemeinsamen Spiel an, jemanden zu schubsen oder zu stoßen. Auf ein „Hör auf damit!" lacht er nur und tut es wieder. Fragt man ihn „Warum tust du das?", antwortet er locker mit: „Weiß ich nicht, weil ich mag!" Er findet es lustig, andere zu belästigen und nimmt Einwände nicht ernst.

Kinder nicht überbehüten

Offensichtlich hat Paul ein gesundes Urvertrauen und genug Selbstsicherheit. Nun macht er gerade einen Entwicklungsschritt durch, bei dem es darum geht, seine Grenzen zu testen. Es genügt ihm nicht mehr, immer nur lieb und brav zu sein, er sucht die Herausforderung. Und die kann

er haben, indem er sich mit dem Widerstand der anderen Kinder auseinandersetzen muss, die nicht bereit sind, sich alles gefallen zu lassen. Kann sein, dass er dabei so manche Enttäuschung einstecken muss, doch das ist gesund. Vielleicht braucht er auch zu Hause „mehr Vater", der ihm Regeln beibringt und hin und wieder mit ihm balgt und rangelt im spielerischen Kräftemessen.

Sind die Eltern streng, schaltet er auf stur, die Situation eskaliert. Lässt man ihm zu viel durchgehen, entwickelt er schlechte Gewohnheiten. Was tun?

Entwicklung begleiten, Unarten stoppen

Es ist wichtig, dass die Eltern Pauls Entwicklung kompetent begleiten, indem sie ihm helfen, über sich selbst nachzudenken. Statt „Warum?" auf das er meist blockiert, können sie ihm zuerst die Situation vor Augen führen: „Ich habe gesehen/gehört, dass du die Kinder manchmal wie aus heiterem Himmel schubst oder stößt (wertfrei beschreiben). Ich frage mich, warum du das tust." Auf sein unbekümmertes „Weiß nicht, weil ich es mag!", muss man reagieren, indem man es in Frage stellt „Du weißt es selbst nicht, aber irgend etwas macht dir Spaß dabei, andere Kinder zu ärgern ..." Weil keine Beschuldigung im Ton liegt, muss sich Paul nicht verteidigen und es folgt nun in irgendeiner Form ein Eingeständnis seiner Schuld. Es ist wichtig, auf jede Äußerung des Kindes einzugehen und vor allem die Gefühle zu beschreiben, die damit verbunden sind, damit das Kind sie verstehen und ausdrücken lernt, anstatt sie in anderer Form abzureagieren.

Nun kann ein moralischer Hinweis folgen: „Ich nehme an, du hättest es selbst gar nicht gerne, wenn andere Kinder es genauso mit dir machen ..." Zuletzt müssen Eltern klare Position beziehen: „Wir dulden das nicht! Denk darüber nach, wie du dir diese Unart abgewöhnen kannst und wie wir dir dabei helfen können." Nun tut eine Pause gut, damit kein unnötiger Druck entsteht und sich das alles in Paul einmal „setzen" kann, um das Gespräch zu einem späteren Zeitpunkt fortzusetzen.

„Ich will Erste sein!"

Nina, noch keine 4 Jahre alt, treibt dieses Spiel bis zum Exzess: beim Anziehen, beim Spielen mit anderen Kindern, beim Einsteigen ins Auto. Gelingt es ihr einmal nicht, kommt es zu regelrechten Ausbrüchen, sie fängt wütend an zu schreien oder zu heulen. Als es neulich an der Tür läutete und die Mutter ihr „IIIIch will aufmachen!" ignorierte, wurde sie von Nina vor ihrer Nachbarin fürchterlich angeschrien.

Ermahnungen und gutes Zureden verstärken oft den Widerstand

Sagt die Mutter: „Nina, das Leben ist kein Wettrennen. Du musst nicht immer Erste sein" wird sie nur noch wütender. Soll die Mutter einfach abwarten, bis dieser Tick wieder vergeht? Gewähren lassen bedeutet für das Kind Zustimmung – besonders dann, wenn es mit seiner Strategie erfolgreich ist.

Offensichtlich hat dieses Kind ein ausgeprägtes Geltungsbedürfnis. Das hat auch sein Gutes. Bevor wir anfangen, ein Kind zu kritisieren oder „Sei-nicht-so"-Botschaften zu senden, müssen wir zuerst das Gute am Schlechten erkennen und dem Kind gegenüber würdigen: „Nina, ich finde es toll, dass du so flink bist." Dann gilt es, ihre Gefühle ernst zu nehmen und dies auch zu sagen, um Nina zu helfen, damit klar zu kommen: „Ich glaube, dir ist es ganz wichtig, gut zu sein. Ich weiß, Erste zu sein ist ein wunderbares Gefühl." Erst wenn die Mutter Verständnis zeigt, ist Nina in der Lage, Ermah-

nungen und kluge Worte anzunehmen. Ansonsten wirken sie wie Blocka-den und stärken noch den emotionalen Widerstand, weil sich das Kind unverstanden und abgelehnt fühlt.

Kritik tut weh: Darum brauchen wir Verständnis

Das ist bei uns Erwachsenen auch nicht anders. Worte wie diese können Nina helfen: „Ich weiß, es fällt dir schwer, zu warten und auch einmal An-dreas zuerst ins Auto einsteigen zu lassen. Aber weißt du, (Verständnis für das andere Kind erwecken) er will auch einmal Erster sein und au-ßerdem: Das Leben ist kein Wettrennen." Die Mutter könnte Nina fragen, was für sie eigentlich so schlimm daran ist, zu warten und manchmal auch anderen den Vortritt zu lassen. Helfen kann auch etwas liebevoller Humor, aber bitte ohne Ironie und Zynismus. So lernt Nina, sich selber nicht zu ernst zu nehmen und Dinge zu relativieren. Wenn man gemein-sam auch noch Regeln findet, die für ähnliche Situationen gelten, braucht man nicht jedes Mal Grundsatzdebatten klären, wenn es gilt, rasch zu handeln.

Wichtig sind auch Nachbesprechungen, bei denen man mehr auf Ninas Fortschritte als auf ihre Schwächen schaut. Wenn das Kind positives Feedback vor allem auch bei spontanen Anlässen bekommt, ist sein wich-tigstes Bedürfnis, Hunger nach Anerkennung, auf gute Weise gestillt und es kann auf übertriebene „Ich-bin-Erste!"-Inszenierungen verzichten.

Vorausschauen und vorbeugen

Erwachsene sollten zu erwartende Schwierigkeiten im Vorfeld abfangen. Wenn es z.B. wieder an der Tür läutet, könnte sich die Mutter zuerst an Nina wenden: „Es läutet und ich möchte selbst aufmachen!" Man muss gemeinsam Lösungen finden, die dem Geltungsbedürfnis der jungen Dame, aber auch der Notwendigkeit des Abgrenzens Rechnung tragen. Dann wird Nina lernen, manchmal auch anderen den Vortritt zu lassen – und sich gut dabei fühlen.

Schadenfreude

Die kleine Sarah, 15 Monate, fällt hin. Ihr Bruder Toni, 4 Jahre, sonst sehr liebevoll, lacht sie demonstrativ aus. Die Mutter: „Das darfst du nicht!", worauf Toni erst recht weiter lacht. Mutter: „Ich möchte nicht, dass du deine Schwester auslachst!" Toni übermütig: „Dann schieß ich sie zum Mond!" Mutter: „Aber ..." Toni ablenkend: „Liest du mir etwas vor?" Mutter: „Ja, aber du musst dich zuerst entschuldigen!" Toni, halbherzig: „Tschuldigung!"

Raffinierte Kids

Es ist wichtig, dass die Mutter gegen solch negatives Verhalten ihres Sohnes einschreitet. Indem sie aber das Gespräch mit „Du darfst nicht ..." beginnt, prallt sie auf seinen emotionalen Widerstand, der spontan und unbewusst halb ernst, halb schalkhaft eine „Und-jetzt-erst-recht"-Strategie („Dann schieß ich sie zum Mond") anwendet und die Konfrontation sucht. Als er nicht mehr weiter weiß, will er sich durch Ablenken („Liest du mir etwas vor?") aus der Affäre ziehen. Ist es nicht erstaunlich, wie diplomatisch und raffiniert schon so ein kleiner „Dreikäsehoch" zu seinem Vorteil kommuniziert?

Die Mutter könnte Toni die Situation der Schwester vor Augen führen: „Sarah ist traurig, wenn du sie auslachst! Komm, hilf ihr beim Aufstehen!" Bei Bedarf motiviert sie ihn zur guten Tat: „Du bist doch ihr lieber Bruder ..." Helfen Sie Ihrem Kind, ohne Gesichtsverlust „auszusteigen" in dem Sie Verständnis zeigen und an seinen „guten Kern" appellieren: „Ich kann verstehen, dass das manchmal lustig aussieht, wenn Sarah hinfällt. Aber du willst sie doch sicher nicht kränken, oder?!" Das wird Toni verneinen.

Zur Einsicht hinführen

Alternative: Statt mit „Du darfst nicht ..." zu beginnen könnte die Mutter den „Rechtfertigungsspieß" umdrehen und damit die Oberhand behalten. Dazu genügt es, mit einer neutralen Beschreibung die Sache klar und vorwurfsfrei auf den Punkt zu bringen: „Toni, du lachst, wenn deine Schwester hinfällt …?!" (Nicht etwa: „Wie kann man nur …!) Jetzt hat Toni Erklärungsbedarf, so soll es ja sein. Vielleicht antwortet er: „Ich will ja nicht, dass sie weint, aber das sieht so lustig aus!" Damit machen Sie ihm möglich, den Unterschied zwischen spontanem Lachen und bösem Auslachen zu spüren und zu beschreiben. Es ist wichtig, dass Sie Verständnis zeigen und ihm helfen, eine positive Wende zu finden: „Ich kann verstehen, dass du lachen musst, aber es darf nicht schadenfreudig sein. Weißt du, was ich meine? Sicher wird er antworten: „Ja, Mama!" und Sie sorgen für ein gutes Ende: „Das freut mich!" um eventuell noch anzufügen: „Wie kannst du deine Schwester trösten?" Toni wird sicher eine Lösung finden und der Fall ist erledigt.

Wenn Luise raunzt

Luise ist 5 Jahre alt und ein gesundes, wunderbares Kind. Jedoch gibt es Tage, da kann sie von früh bis spät raunzen – echt nervig! Wie können Eltern sinn- und liebevoll dagegen steuern?

Keine Du-Botschaften

Zunächst: Egal, wie sich Kinder benehmen, sie dürfen keine abwertenden Botschaften zu hören bekommen wie etwa „Sei nicht so nervig!", „Du bist eine Jammersuse!" oder gar Drohungen wie „Wenn du nicht sofort aufhörst, dann …!"

Einfühlungsvermögen ist gefragt

Raunzen bedeutet: ich beklage mich über etwas, oder ich will etwas, was ich nicht deutlich formuliere – weil ich mir dessen gar nicht wirklich bewusst bin oder nicht gewohnt, meine Wünsche klar zu äußern. Dementsprechend drücke ich dann auch meine Unzufriedenheit diffus aus – ich raunze eben.

Einfühlungsvermögen ist die oberste elterliche Tugend. Dies können Sie vermitteln, indem Sie „Gefühle spiegeln" (z.B.: „irgendwie bist du heute nicht so gut drauf ..." oder „du wirkst irgendwie unzufrieden...) Warten Sie eine Rückmeldung ab und gehen

Sie darauf ein. Möglicherweise hat Ihr Kind ein Mitteilungsbedürfnis, weil es etwas verarbeiten muss. Dann nehmen Sie sich Zeit zum aktiven Zuhören. Die Raunzerei vergeht dann meist wie von selbst.

Wünsche klar äußern lernen

Sie können auch direkt nach der Störung fragen: „Was hast du?" „Was stört dich?" oder nach dem Bedürfnis: „Was willst du?" „Was brauchst du, damit es dir wieder gut geht?" Damit das Raunzen nicht zur Gewohnheit wird, müssen Sie eine klare, zielorientierte Richtung einschlagen. Bestehen Sie darauf, dass Ihr Kind in klarem, festen Ton sagt, was es will. Wenn es raunzig oder weinerlich spricht, dann sagen Sie: „So verstehe ich das nicht! Sag es mir bitte noch einmal!" Hat es seinen Wunsch klar formuliert, dann reagieren Sie möglichst positiv, damit Ihr Kind erlebt, wie etwas zu erreichen ist: „Ach so, du hättest gerne ein Glas Saft! Komm in die Küche!" oder „Nein, das geht leider nicht! Das gehört dem Papa und der möchte nicht, dass Kinder damit spielen! Was willst du stattdessen?" Drücken Sie Ihr Vertrauen aus: „Ich weiß, dass du klar und deutlich reden kannst. Überleg dir was du möchtest und dann sag es mir!" Zeigen Sie Interesse und haben Sie Geduld, damit Luise sich ernst genommen und ermutigt fühlt. Das ist auch für ihre Sprachentwicklung wichtig. Wenn sich Kinder unter Druck fühlen, dann geht gar nichts!

Sich wertschätzend abgrenzen

Hilft das alles nicht, ist abgrenzen per Ich-Botschaft gefragt: „Es nervt mich, dich so raunzen zu hören. Sag, was ich tun kann, oder hör auf damit!" Sollte es weiter machen, dann halten Sie Ihre Finger vor den Mund und sagen „Psst", damit das Kind weiß, dass es jetzt schweigen soll. Hilfreich kann auch sein, eine so genannte Auszeit vorzuschlagen: „Bleib ein Weilchen in deinem Zimmer. Komm wieder, wenn du weißt, was du willst." Natürlich darf das Kind dies nicht als Strafe oder Verbannung ansehen, sondern als Ort zum Ruhigwerden. Sie können auch nach einem kleinen Weilchen klopfen und fragen: „Kann ich dich trösten?" Nehmen Sie es schweigend in die Arme.

Alternativen anbieten

„Möchtest du zu mir in die Küche kommen? Komm, wir machen ..." Lenken Sie Ihr Kind ab, indem Sie etwas Nützliches oder Lustiges vorschlagen. Wenn das Thema Raunzen hinreichend besprochen wurde, die Situation aber trotzdem immer wieder vorkommt, dann können Sie gleich zu Beginn sagen „Stop! So nicht!" oder: „Pssst!"

Ein Nein ist ein Nein

Machen die Kinder die Erfahrung, dass sie nur lang genug „raunzen" müssen, bis wir nachgeben, dann liegt der Grund klar auf der Hand. Seien Sie konsequent! (Ich habe Nein gesagt!") Dann wird es ganz von alleine aufhören, Sie zu „löchern".

Kinder brauchen manchmal das klare STOP der Eltern, um sich nicht in einer labilen Stimmung, ausgedrückt durch Raunzerei, zu verlieren. Immer müssen wir sie einfühlsam dort abholen wo sie sich emotional gerade befinden, um sie dann in die Richtung zu lenken, die wir als verantwortliche Bezugspersonen für angemessen erachten.

Kapitel 7

Pubertät und Loslassen

Dieser wichtige Entwicklungsabschnitt ist in den meisten Familien von Unsicherheiten und Turbulenzen begleitet. Er kann und darf jedoch nicht ausgelassen werden auf dem Weg zum Erwachsenwerden. Es ist die Zeit, wo aus Kindern Rebellen, Idealisten, Individualisten, Chaoten, Aussteiger, Experimentierer, Querdenker, Kritiker und Clowns werden und an unseren Nerven rütteln. Es ist auch die Zeit, wo Mama und Papa „vom Thron geschmissen" werden und die Jugendlichen sehen, dass auch sie nur „mit Wasser" kochen. Authentizität ist die Art, welche die Jugendlichen akzeptieren, auf dem Weg zu immer selbständiger werdenden jungen Erwachsenen. Fliegen die Jungen aus, müssen Eltern die Stellung halten und einfach da sein, wenn der Jungvogel wieder landet. Die Vertrauensbasis und das gelebte Vorbild sind wichtiger denn je.

Wenn Jugendliche ihre eigenen Wege gehen und sich immer weniger von uns sagen lassen, dann ist es gut, wenn Eltern wie der Fels in der Brandung sind, mit klaren Werten und Konturen, die sich nicht scheuen, gelegentlich auch die Position des Reibebaums einzunehmen. Hüten Sie sich jedoch davor, als „Besserwisser" aufzutreten. Hören Sie sich die Meinungen Ihrer Kinder an, auch wenn diese noch unausgegoren sind. Zeigen Sie Interesse, fragen Sie nach, lernen Sie die Welt Ihres Kindes kennen und verstehen. Nur wenn sich die Jungen ernst genommen fühlen, wird man auch Sie ernst nehmen und in entscheidenden Dingen auf Sie hören. Sie tun sich Gutes, wenn Sie zu den Konflikten und Herausforderungen durch Ihre Jugendlichen eine gewisse sportliche Einstellung entwickeln und nicht alles persönlich nehmen. Wichtig ist, dass Sie ehrliches Interesse an den Träumen und Nöten Ihres Kindes haben und es keineswegs lächerlich machen. Mit Sicherheit erreichen Sie mehr durch Verständnis, Respekt und gutes Zuhören als durch belehrende „Moralpauken".

Achten Sie auf Bedürfnisse von Autonomie und Eigenständigkeit, aber scheuen Sie sich nicht davor, auch gesunde Anforderungen zu stellen, am besten, indem Sie Ihre Kinder in die Planungen miteinbeziehen. Sie signalisieren damit: „Ich trau dir etwas zu". Achten Sie darauf, dass Ihr Sohn oder Ihre Tochter etwas hat, wofür sie sich engagiert, wofür sie sich begeistert, auch wenn das nicht unmittelbar mit der Karriereplanung zu tun hat. Junge Menschen brauchen Möglichkeiten, wo sie ihren Idealismus und Tatendrang und das Ausloten der eigenen Grenzen ausleben können. Sie wollen gefragt und gebraucht werden, dann bekommen sie den „Biss" für das wirkliche Leben, anstatt sich in den Scheinwelten des Internets oder gar der Drogen zu verlieren.

Halten Sie auch den Kontakt zu anderen Familien. Es gibt Phasen, wo sich junge Leute von den Müttern und Vätern ihrer Freunde mehr sagen lassen als von den eigenen Eltern. Überhaupt ist es hilfreich, wenn Heranwachsende unterschiedliche Lebensmodelle und Familienkulturen kennenlernen und dann die eigenen Eltern meist wieder besser schätzen lernen. Seien Sie selbst auch da für die Kinder anderer Eltern. Dann haben Sie auch den besten Einblick, in welchen Kreisen Ihr Kind tatsächlich verkehrt. Ein „open house" mit vollem Kühlschrank, in dem man sich wohl fühlt, bietet die besten Voraussetzungen, um im Gespräch zu bleiben. Und ganz wichtig gerade in dieser Zeit: die Rolle der Väter und männlichen Bezugspersonen!

Nehmen Sie sich 15 Minuten Zeit und denken Sie zurück, als Sie 15 Jahre alt waren: Welche Träume hatten Sie, wem haben Sie vertraut, wie war das Verhältnis mit Ihren Eltern?

Eltern die bereit sind, etwas auszuhalten, loszulassen und dennoch da zu sein, winkt die Freundschaft auf immer und eine starke Familie, auf die man sich verlassen kann. Auch in späteren Jahren weiß man ein harmonisches Elternhaus zu schätzen, wo man hingehört, Rat und Trost bekommt, Feste feiern, abladen und Kraft tanken kann. Die Pubertät ist die Zeit, wo die letzten Weichen gestellt werden, damit diese Vision Wirklichkeit werden kann.

Die blöde Zahnspange

Mit knapp 13 Jahren wird Henry über Sinn und Zweck der fixen Zahnspange aufgeklärt. Doch kaum beginnt er sich daran zu gewöhnen, verweigert er eines Tages total. Er „flippt aus" als ihn die Mutter daran erinnert, seine Zähne bei fixer Spange besonders gewissenhaft zu putzen. Als sie nachfragt, erfährt sie, dass er von einigen Mädchen in seiner Klasse gehänselt wurde. Das Ding muss weg! Je mehr sie versucht ihm gut zuzureden, geht er in Opposition und macht zu.

Mit 13 ist Henry am Beginn der Pubertät. Der Gruppendruck spielt eine enorme Rolle, besonders wenn sein noch labiles Selbstwertgefühl ange-

kratzt wird. Es handelt es sich um eine äußerst emotionale Sache. Dies weiß die Mutter zwar, doch ihre Hilfe bewirkt genau das Gegenteil von dem, was sie erreichen will. Warum?

Gesprächsfalle: der schnelle Trost, der gute Rat

Um Kindern zu helfen mit ihren Emotionen klar zu kommen, dürfen wir ihnen ihre Gefühle nicht ausreden, zum Beispiel durch schnellen Trost, („Mach dir nichts daraus!") sondern sie akzeptieren und ernst nehmen. Wenn Henry sich verstanden fühlt, kann sie einen Prozess einleiten, der durch „Spiegeln" (Wiederholen, zur Kenntnis nehmen, Gefühle beschreiben), Nachfragen und Hinterfragen zum Nachdenken und schließlich zur Einsicht führt. Das könnte sich in etwa so anhören:

Henry: „Alle machen sich über mich lustig! Ich will das Ding wieder los haben! Ich pfeif' auf Zahnregulierung!" Mutter: „Du willst dich keinesfalls lächerlich machen ..." Henry: „Sicher nicht!" Mutter: „Wer genau hat dich gehänselt?" Henry: „Die Lisa, die Suse und die Irene." Mutter: „Ihre Meinung ist dir total wichtig!" Die Mutter bringt es auf den Punkt, ohne zu bewerten. Henry: „Das nicht!" usw.
Jetzt nimmt das Gespräch die entscheidende Wende, weil Henry „psychologischerweise" widerspricht und damit die Sinnlosigkeit seiner Reaktion erkennen kann. Nur wenn er selbst zum Schluss kommt, dass die Zahnspange wichtig und das Gerede der anderen nebensächlich ist, hat er einen Schritt in Richtung Persönlichkeitsentwicklung getan und geht gestärkt aus der Krise hervor. Die Eltern können dabei unterstützen, aber sie dürfen nicht bevormunden.

Der Ausflug ins Grüne

Vor Ferienbeginn sammelten die Eltern gemeinsam mit den beiden Söhnen Lukas (11) und Johannes (13) Ideen, was und mit wem sie etwas unternehmen wollten. Unter anderem stand ein Ausflug mit Hugo (13), dem Sohn einer befreundeten, alleinerziehenden Mutter auf dem Programm. Bei der Heimreise am Ostermontag wurde über den Ausflug am Osterdienstag diskutiert. Plötzlich protestieren die Söhne: „Du hättest uns fragen müssen! Du hast uns zu allem gezwungen!" Der ungerechtfertigte Vorwurf verletzt sie. Die Karwoche war voller Spaß und Harmonie gewesen. Aber jetzt ist sie schockiert ob der egoistischen Einstellung ihrer Kinder. Hugo ist nicht deren Lieblingsfreund.

Missstimmung

Nachdem ihre Erklärungen abgeschmettert wurden und das Gezanke anhält, erklärt die Mutter autoritär: „Ich will nichts mehr hören!" und macht laut Musik. Als der Vater, vorausgefahren, zu Hause die Missstimmung merkt, ruft er die Söhne zum Rapport: „Was ist los?!" und erklärt solidarisch: „Der Ausflug mit Hugo stand auf eurem Programm!" Auf den letzten Einwand, sie wollen nur mit Florian, nicht mit Hugo, den folgenden Tag verbringen, stellt die Mutter ein Ultimatum: „Entweder ihr hört jetzt auf, oder ihr ruft ihn selbst an und sagt ihm, dass er nicht kommen soll!" Sie weiß, dazu sind sie zu feige. Ergebnis: Der Ausflug mit den vier Knaben wurde ein voller Erfolg.

Pubertäre Ambivalenzen

Die Pubertät ist voller Ambivalenzen: Einerseits wollen die Jungen selbst bestimmen, andererseits fällt es ihnen manchmal schwer, zu ihren eigenen Entscheidungen zu stehen. Sie wollen selbständig sein, verlassen sich aber auf die Organisation der Eltern, um dann zu „meckern".

Die Eltern fragen sich: War unser Vorgehen zu autoritär? Und machen sich Sorgen: „Wir geben ihnen ein Vorbild für soziales Handeln, aber bei ihnen merkt man nichts davon!" Ich kann die Eltern beruhigen: Die Söhne bekommen ausreichend Verständnis und Mitsprache, aber manchmal bedarf es eines Machtwortes, um Vereinbarungen einzuhalten und sich vor jugendlichen Übergriffen zu schützen. Wie gut, dass die Eltern miteinander kooperieren! Szenen wie diese mögen anstrengend sein, aber wenn Eltern solche Konflikte fair und selbstbewusst austragen, übernehmen sie die Rolle des Reibebaumes und leisten damit einen unverzichtbaren Beitrag zur gesunden Entwicklung ihrer Kinder. Die Anwandlungen von Egoismus sind etwas Natürliches. Um ihn zu überwinden, brauchen die Jungen fallweise noch die Lenkung der Erwachsenen. Dann wird das Vorbild der Eltern seine Wirkung nicht verfehlen – über kurz oder lang.

Tom und der Wäscheberg – Teil 1

In Toms Zimmer türmt sich Gewand und jede Menge Unordnung. Die Mutter will die Waschmaschine einschalten. Mutter: „Ich habe gesehen, dass ein Haufen Gewand in deinem Zimmer herumliegt. Bring es her, ich will die Waschmaschine einschalten." Tom: „Später!" Mutter: „Ich hab es dir doch schon gestern gesagt, dass ich heute wasche. Und außerdem mag ich es nicht, wenn es tagelang überall herumliegt. Jetzt komm endlich!" Tom: „Mama, du schreist!" Mutter: „Wenn du nicht kommst, darfst du heute nicht fernsehen!" Tom: „Mama, du drohst schon wieder!" Mutter: „Ich will nur, dass du dein Gewand nicht herumliegen lässt!" Tom:

„Bei dir liegt auch immer was herum!" Mutter: „Ich erwarte mir, dass du mir wenigsten die Schmutzwäsche bringst. Außerdem liegen Zuckerlpapiere auf dem Boden." Tom: „Warum immer ich? Ich hab sie nicht hinunter geschmissen. Das war der Kevin!" Mutter: „Ich hab' dir doch gesagt, du sollst nicht die Packung ins Zimmer nehmen!" Tom: „Er hat aber auch genascht und Mist gemacht!" Mutter: „Wie lange muss ich noch warten?" Tom: „Du nervst!" Tom bringt widerwillig seine Wäsche.

Kurze Analyse

Eine Szene, wie sie viele Familien kennen. Beinahe normal. Viele Eltern wären froh, wenn das Verlangte dann überhaupt geschieht. Zunächst einige Fragen: Spüren Sie den Machtkampf in diesem Dialog? Eine gewisse Respektlosigkeit? Dass Tom führt und die Mutter sich dauernd rechtfertigt? Dass Tom Verzögerungstaktik anwendet, Schuldgefühle unterjubelt, zum Gegenangriff startet und sich auf seinen Bruder ausredet?

Die Mutter wiederum lässt einerseits keinen Spielraum, andererseits lässt sie sich aber gängeln und ablenken. Auf die ungerechtfertigten Vorwürfe reagiert sie hilflos mit einem klassischen Fernsehverbot. Erst als sie aufhört, sich in weitere Diskussionen verwickeln zu lassen, kommt Tom ihrer Forderung nach.

Keine „alten Suppen" aufwärmen

Sind Sie genervt, hüten Sie sich davor, „alte Suppen" aufzuwärmen („und damals") und weitere Vorwürfe als Munition zu verwenden („und außerdem"), denn dadurch wird das Konfliktpotenzial nur vergrößert und das Beziehungsklima verdorben.

Es ist normal, dass Kinder ihre eigenen Interessen durchsetzen wollen und es mit Machtspielchen probieren. Je mehr wir darauf einsteigen, umso weniger werden wir ernst genommen und das Klima wird gehässig und gereizt. Hier besteht Handlungsbedarf, um effektivere Strategien im Umgang mit Kindern und Jugendlichen zu lernen.

Tom und der Wäscheberg – Teil 2
Oder: Kinder zur Zusammenarbeit motivieren

Erst nach längerer Diskussion bringt Tom, 13, der Mutter seine Schmutzwäsche. Viele Kinder und Jugendliche sind wenig kooperativ. Helfen? Nein, danke! Sich um die eigenen Dinge kümmern? Nicht einmal das! Bevor wir über „die heutige Jugend" schimpfen, müssen wir Erwachsene uns fragen: „Was hat das mit mir zu tun?" Viele Eltern haben es verabsäumt, ihre Kinder von klein auf, freundlich und motivierend, zur Zusammenarbeit einzuladen.

Das kostet Zeit und bewusstes Handeln. Viele Eltern sind einseitig auf schulischen Leistungen fixiert und wollen ihre Kinder schonen. Diese verbringen ihre Freizeit lieber vor TV und Internet. Wenn Kinder „überserviciert" werden, scheint es ihnen selbstverständlich, dass ihre Eltern nur dazu da sind, ihnen zu Diensten zu stehen. Kinder brauchen jedoch Pflichten und Grenzen, um lebenstüchtig zu werden, sich als wertvoll zu erfahren und Wertschätzung auch für andere zu entwickeln.

Vereinbarungen treffen

Ein ruhiges Gespräch, in dem Eltern ihre Wünsche, Bedürfnisse und Erwartungen klar auf den Tisch legen und auch den Standpunkt der Kinder anhören, ist angesagt, um neue Vereinbarungen zu treffen. Damit das Gespräch gut verläuft, sollte nicht zu lang über die Schwachpunkte geredet, sondern lösungsorientiert verhandelt werden. Als Regel kann ruhig gelten, dass elterliche Anweisungen und gemeinsame Aktivitäten Vorrang vor individuellen Freizeitbeschäftigungen haben.

Vereinbarungen umsetzen

Trotz bester Vereinbarungen müssen wir in konkreten Alltagssituationen immer kompetent und schlagfertig auf den natürlichen kindlichen Widerstand reagieren. Wenn auf eine Bitte das leidige „später!" kommt, sollte man entweder nachfragen „Wann ist später?" oder auf sofortige Umsetzung bestehen. Gibt es einen Hinderungsgrund, ist das Kind in der Bringschuld. Das würden auch Sie tun, wenn Sie beispielsweise daran gehindert wären, das Essen für ihre Familie zuzubereiten, anstatt sie vor vollendete Tatsachen zu stellen, oder? Kinder sind hervorragende Anwälte ihrer eigenen Interessen. Um in einem „Gesprächsduell", nicht zu unterliegen, hilft die „Ball zurück" Methode: z.B. „Wie meinst du das?" „Wie kommst du darauf?" Dann muss das Kind sich rechtfertigen, nicht umgekehrt und Eltern behalten die Oberhand. Wenn Jugendliche uns geschickt in fruchtlose Diskussionen verwickeln, müssen wir ein Gespür dafür entwickeln, wann wir das Ende der Debatte verkünden, einlenken oder ein Machtwort sprechen. Achten wir darauf, dass unser Nachwuchs uns nicht durch Nebensächlichkeiten ablenkt, Schuldgefühle unterjubelt und vermeiden wir das Aufwärmen „alter Hüte". All das schwächt unsere Verhandlungsposition und verdirbt das Gesprächsklima.

Lieber Taten als Worte

Wenn alle guten Worte nicht helfen und Sie sich nicht ernst genommen fühlen, verzichten Sie auf weitere Erklärungen, Nörgeleien oder Drohungen. Handeln Sie!

Um eine gute Zusammenarbeit zwischen Eltern und Kindern in die Praxis umzusetzen, brauchen Eltern Geduld und Ausdauer, Humor und eine sportliche Einstellung zu ihrer Funktion als „Reibebaum". Verständnis, Authentizität und Konsequenz schaffen die besten Voraussetzungen für gelungene Erziehungsarbeit.

„Du fährst dort nicht hin!"

Die Mutter hat ihrer 17-jährigen Tamara mehrmals erklärt, warum sie nicht will, dass sie mitten unter der Woche von der Provinzstadt ins Popkonzert nach Wien fährt.

Hört Tamara nicht auf ihre Einwände, fängt die Mutter meist an zu schimpfen. Häufig führt der Streit zur Eskalation und zur Überreaktion der Mutter, was den Widerstand der Tochter erst recht anfacht. Normalerweise schafft es diese dann, der Mutter durch schlechte Laune und Nichtbeachtung auch noch Schuldgefühle zu unterjubeln. Danach kommt die Mitleidstour und die Mutter wird weich. Sie fühlt sich in die Enge getrieben und gibt häufig nach: „Aber das nächste Mal musst du ..."

Diesmal aber hat die Mutter ihre Einwände ruhig und bestimmt vorgetragen, ohne Vortrag, ohne Vorwurf. Auch diesmal versucht die Tochter, die Mutter vor vollendete Tatsachen zu stellen. Die Konzertkarte ist bereits aus ihrem Taschengeld gekauft, als sie sich zur Abreise vorbereitet. Sich ihrer Autorität bewusst geworden, stellt sich ihr die Mutter ruhig und entschlossen in den Weg: „Du fährst dort nicht hin!"

Wie staunt sie nun, als die Tochter sich ohne Murren ihrer Weisung unterordnet und zu Hause bleibt. Zunächst sind Schweigen und Betroffenheit im Raum, dann verbringen die beiden einen angenehmen Abend miteinander. Vor dem Schlafengehen sagt die Mutter kurz und herzlich: „Danke, dass du auf mich gehört hast!"

Das Geheimnis ihres Erfolgs? Die Mutter hat auf Keppeln, unfruchtbare Diskussionen, hilflos-hysterische Vorwürfe verzichtet und ihren Einwand mit Verständnis, Ruhe und Klarheit vorgebracht. Sie hat sich im entscheidenden Moment voll auf ihr Machtwort konzentriert – und die Entscheidung ihrer Tochter überlassen. Ihre wohlwollende Überlegenheit hat der Tochter die Möglichkeit gegeben, Halt bei ihrer Mutter zu spüren. Sie konnte sich gegenüber ihren eigenen Ambivalenzen und dem Gruppendruck behaupten und sich ohne Gesichtsverlust der Stimme der Vernunft unterordnen.

Kompetente Elternschaft tut gut. Sie erfordert Bewusstheit und Training.

Die Frage nach dem Ferienjob

Seit langem ist davon die Rede, dass Tobias, 16, sich um ein Ferialpraktikum umschaut.

Es wird bald Ostern und die Mutter fragt: „Was ist nun mit dem Ferienjob?", worauf Tobias kontert: „Warum bist du schon wieder aggressiv?" Die Mutter entgegnet: „Ich bin nicht aggressiv, ich habe nur gefragt!" Tobias: „Lass mich in Ruh, ich hab's eilig!" So schnell kann eine harmlose Frage zu einem Machtkampf führen. Wer war der Angreifer? Wer der Sieger?

Offenbar hat die Mutter nicht den günstigsten Zeitpunkt gewählt. Vielleicht ist es dem Sohn unangenehm, nicht mit konkreten Resultaten aufwarten zu können. Er geht in die Offensive indem er die Frage als Angriff wertet. Ganz instinktiv verteidigt sich die Mutter und beschwichtigt, indem sie sich rechtfertigt. Und schon ist sie die Unterlegene. Jugendliche lieben Machtspielchen und sind Meister im Taktieren. Offenbar ist die Mutter naiv genug, diese intuitive Strategie mit einer Prise Respektlosigkeit nicht zu durchschauen. Es bleibt ihr nur ein komisches Gefühl.

Zuerst die Beziehung, dann erst die Sachlage klären

Entstehen Irritationen, sollten wir nicht darüber hinweggehen. Wenn die Mutter sagt was sie spürt, kann sie dem Angreifer den Wind aus den Segeln nehmen und noch dazu Verständnis erzeugen: „Ich merke, meine Frage nervt dich ..." Dadurch übernimmt sie Verantwortung, lässt sich aber nicht als aggressiv abstempeln. Jetzt hat Tobias Gelegenheit, Stellung zu nehmen. Wahrscheinlich wird er sagen wie es ihm geht und über seine Schwierigkeiten reden: „Ich bin letzte Woche nicht dazu gekommen, weil…" oder „Ich habe schon dreimal angerufen und bin vertröstet worden …" oder schlicht und einfach „Ich mag jetzt nicht darüber reden." Die Mutter hätte auch den Spieß umdrehen und zurückfragen können: „Was findest du an meiner Frage aggressiv?" Dann muss sich Tobias rechtfertigen und sie behält die Oberhand. Sie macht deutlich, dass sie eine ehrliche Antwort auf eine berechtigte Frage will.

Sich im Loslassen üben

Reagieren Jugendliche gereizt, müssen wir uns fragen, ob wir vielleicht zu plump oder indiskret waren, den falschen Zeitpunkt gewählt haben, oder ob es eine unangemessene Abwehrreaktion auf eine berechtigte Frage war, bei der wir uns nicht „abwimmeln" lassen dürfen. Wenn sie sich von uns ernst genommen fühlen und unser Vertrauen spüren, dann werden sie uns mit Offenheit und Respekt begegnen. Wenn es uns gelingt, die Gesprächsbasis aufrecht zu erhalten oder wieder herzustellen, dann können wir ihnen den Halt geben, den sie noch dringend brauchen, um sicher abzunabeln.

Der Schiurlaub als Bewährungsprobe

Gregor geht in die 7. Klasse. Sechs Burschen und zwei Mädchen verstehen sich prächtig. Sie wollen gemeinsam Schiurlaub machen. Die Eltern sind einverstanden. Jans Oma stellt ihre Berghütte zur Verfügung. Sie wollen sich alles selbst organisieren. Große Begeisterung. Doch die Eltern glauben insgeheim nicht daran, dass sie das alleine auf die Beine stellen können. Die Jugendlichen schmieden Pläne. Gregor findet den günstigsten Bahn-Gruppentarif, macht ein Konzept: Was brauchen wir? Was kostet das? Die Heizung? Die Verpflegung? Der Skipass? Wie kommen wir auf die Alm? Die Bahntickets müssten noch vor Weihnachten abgeholt werden.

Knapp vor der Abreise äußern die Eltern plötzlich Bedenken: Schaffen sie das auch? Als Selbstversorger? Mit all dem Gepäck? Da müssten sie schon mit dem Auto hingebracht und abgeholt werden. Fahrgemeinschaften? Kommt nicht in Frage! Wegen der Versicherungshaftung! Es gibt keine konstruktiven Gespräche, auch nicht der Eltern untereinander. Resultat: Bald kommen auch den jungen Leuten Zweifel an sich selbst. Gregor sieht sich im Stich gelassen. Der ganze „Drive" und die Begeisterung sind weg. Die Eltern haben das Ruder fest in der Hand. Die Jungen sind entmündigt, einer großen Chance beraubt, unabhängig davon, ob sie nun fahren werden oder nicht. Was macht das mit ihrem Selbstvertrauen? Einige unter ihnen sind schon 18 – aber noch lange nicht erwachsen!

Durch Überfürsorge, mangelndes Vertrauen, Verantwortung und Bewährungsproben werden sie am Erwachsenwerden systematisch behindert. Da gehen sie lieber den bequemeren und individualistischen Weg, der sie zu Egoisten, Einzelkämpfern oder Versagern macht.

Wir sollen Jugendliche nicht unkontrolliert ins Verderben rennen lassen. Aber da sein, mit ihnen reden, sie bei der Umsetzung ihrer Pläne begleiten, ihnen ihre Verantwortung vor Augen führen, nach dem berühmten Motto: „Hilf mir, es selbst zu tun!" Dann kann so ein „Überlebenstraining" zum unvergesslichen Ereignis und zur Kraftquelle für jeden einzelnen von ihnen werden.

Erwachsen werden

Leonie, knapp 16, verbringt mit ihren Eltern den Sommer auf der Alm.
Sie ist es von klein auf gewohnt, beim Sennen mitzuhelfen. Doch diesmal
braucht sie der Vater regelmäßig, beim Kühetreiben, Melken und beim
Ausschank. Er sagt: „Ich brauche deine Hilfe, und zwar jeden Tag." Da
er sowohl Wertschätzung ausdrücken, als auch Verbindlichkeit herstellen will, vereinbaren sie einen bescheidenen Lohn. Leonie lernt mit der
Melkmaschine umzugehen und hat sogar Gelegenheit, beim Kalben zu-
zusehen. Zum Schluss passiert es: Der Bauer verletzt sich an der Hand, es
ist Freitagabend und niemand erreichbar. Wer melkt die Kühe? Eine Kuh
bekommt ein Kalb. Leonie ist die einzige, die sich auskennt, die zupacken
kann, und sie tut es auch. Sie bleibt einige Tage länger auf der Alm, über-
nachtet bei den Tieren im Stall und kümmert sich um alles Notwendige.
Ohne sie wäre das Chaos ausgebrochen. Der Bauer kann sich nicht oft
genug bedanken.

Erwachsen werden durch Verantwortung

Ein einschneidendes Erlebnis im Leben von Leonie. Sie ist diesen Sommer erwachsen geworden. Mithilfe im Haushalt? Kein Thema mehr, ganz selbstverständlich! Leonie weiß nun, was Verantwortung heißt, man kann sich auf sie verlassen. Fröhlich und selbstbewusst erledigt sie auch ihre Aufgaben in der Schule. Obwohl sie keine großen Worte macht, spüren die anderen, dass sie ihnen eine Nasenlänge voraus ist und erntet Bewunderung.

Ein ganzer Berufszweig ist damit beschäftigt, Programme gegen jugendlichen Übermut, Albernheit, Suchtverhalten und „Null-Bock"-Mentalität zu entwickeln. Warum lässt man junge Menschen nicht einfach am wirklichen Leben teilhaben?

Ein Leben in Bequemlichkeit

Mit den Segnungen unserer üppigen Konsumwelt und im Bemühen, es den Jungen so leicht wie möglich zu machen, steigern wir ihr Anspruchsdenken und ihre Bequemlichkeit. Hauptsache, sie „stopfen" genug abstraktes Wissen in sich hinein! Doch genau dazu vergeht ihnen die Lust, wenn man sie nicht erleben lässt, wofür das gut sein soll.

Kinderarbeit ist verboten!

In unserer Gesellschaft heißt es: „Kinderarbeit ist verboten!" Doch was bedeutet das? Junge Menschen wollen gebraucht werden, Sinnvolles tun, Wertschätzung und Anerkennung bekommen. Sie brauchen wirkliche Vorbilder, Ideale und angemessene Aufgaben. Darauf aufbauend wollen sie ihre eigenen Werte finden und ihre eigenen Ideen verwirklichen.

Gibt man ihnen Gelegenheit, bekommen sie ganz von selbst den „Biss" fürs Leben und haben Spaß daran, ihr Wissen und ihre Fähigkeiten zu entfalten und sich in der Gemeinschaft nützlich zu machen. Wenn man sie „zu nehmen" weiß, lassen sie sich auch etwas sagen und zeigen.

Erwachsen ist man dann,

wenn man Verantwortung für sich selbst und für die Gemeinschaft übernehmen kann und will. Man muss der jungen Generation Gelegenheit geben, sich von klein auf, Schritt für Schritt, darin zu üben, im Elternhaus,
in der Schule, in der Gesellschaft.

Kinder sind Augen, die sehen, wofür wir schon lange blind sind.
Kinder sind Ohren, die hören, wofür wir schon lange taub sind.
Kinder sind Seelen, die zeigen, was wir gerne verbergen.

Kapitel 8

Anregungen zur Selbstreflexion

Kinder ins Leben zu begleiten ist eine der natürlichsten, aber auch größten Herausforderungen für Menschen. In diesem Kapitel will ich Ihren Blick vor allem dafür schärfen, zu erkennen, welchen Beitrag wir möglicherweise selbst an manchen Schwierigkeiten oder Konflikten haben. Niemand ist perfekt und es gehört zu unserem Menschsein dazu, Fehler zu machen. Das ist gewissermaßen auch Ihr gutes Recht, auch als Mutter oder Vater. Auch wir sind Menschen in Entwicklung und dazu berufen, täglich dazuzulernen. Jeder von uns trägt seinen ganz persönlichen Rucksack an guten und belastenden Erfahrungen mit sich herum. Was wollen wir behalten und weitergeben, was sollte entrümpelt werden? Ich möchte Sie ermutigen, ehrlich auf Ihre Schwachstellen zu schauen und daran zu arbeiten, auch wenn es Überwindung kostet. Genau dann sind Sie authentisch und haben gute Chancen, Unstimmigkeiten immer wieder prompt zu bereinigen, anstatt Fehlentwicklungen aufstauen und anwachsen zu lassen. Oft sind Kinder geradezu der Spiegel unserer eigenen Unvollkommenheit und manchmal können wir ihr Verhalten vielleicht gerade deshalb so schwer akzeptieren. Kinder sind nicht dazu da, Ersatzpartner zu sein, die Leere in unserem Leben zu füllen, unsere unerreichten Träume zu verwirklichen oder uns ewig dankbar zu sein. Wer jedoch liebevoll und vorbildhaft für sein Kind da ist, wird Zuneigung, Kontakt und Wertschätzung wie selbstverständlich von seinem Kind erhalten.

Lassen wir uns von den Herausforderungen der Elternschaft schleifen wie ein wertvoller Diamant, um an Kompetenz und Reife zu gewinnen!

Wenn Sie diesen anstrengenden und manchmal auch schmerzhaften Prozess mit Offenheit und einer Prise Humor zulassen, dann wird Ihr Leben immer spannender, schöner und leichter. Wenn wir authentisch sind, brauchen wir uns selbst nicht so wichtig zu nehmen und können dennoch täglich über uns selbst hinaus wachsen. Sinn und Freude der Elternschaft ist mit kaum einer anderen Erfüllung des Lebens zu übertreffen.

Möge Ihre Elternschaft Ihnen Dankbarkeit und Freude schenken und die Kraft, jedem neuen Tag mutig entgegenzusehen.

Verbale Gewalt in der Bushaltestelle

Die Mutter sitzt auf einer Bank, tratscht mit Freundinnen, wartet auf den Bus. Der 3-jährige Marcel läuft ein wenig auf und ab, blickt sich neugierig um, tappt einige Gegenstände an, tut was Kinder so tun, wenn ihnen langweilig ist. Die Mutter, sitzend, ohne sich recht ihm zuzuwenden, redet auf ihn ein: „Marcel, bleib hier! Greif nichts an! Ich schwör dir, wenn du noch einmal in den Mistkübel greifst, dann gibt's etwas! Komm her! Komm jetzt her! Ich sag dir's! Gleich passiert was! Dann soll dich der Bus erwischen, damit du siehst, was passiert!" Marcel lacht. Mutter, sarkastisch: „Na, geht's dir jetzt besser?!" Die Mutter tratscht weiter, Marcel macht weiter. Nach einer Weile wieder: „Marcel, jetzt lass das!" etc. etc., bis sie irgendwann explodiert.

Das ist verbale Gewalt, und zugleich völlig ineffektiv! Wollen wir erfolgreich erziehen, müssen wir uns ganz auf Kinder einlassen und Grenzen rechtzeitig setzen. Es genügt nicht, zu sagen „Lass das!" Was soll er stattdessen tun? Es ist unrealistisch, von ihm zu erwarten, dass er regungslos dasteht und Löcher in die Luft starrt. Wer lässt sich schon gerne niederreden, kommandieren, bedrohen? Das provoziert Widerstand, Widerwillen, Weghören. Außerdem merkt Marcel, dass die Mutter ihren Worten keine Taten folgen lässt. Sie tratscht lieber, als aufzustehen und ihn herzuholen. Ihre Inkonsequenz bedeutet für ihn, dass er sie nicht ernst zu nehmen braucht. Das zeigt er dadurch, dass er nicht folgt, immer wieder wegläuft und seine Mutter auslacht.

Marcel braucht Zuwendung und klare Anweisungen. Das ist Voraussetzung, dass er kooperiert und die Mutter hinterher „Ruhe" hat. Wenn Kinder nicht folgen, sollte man sich immer fragen: „Was muss ICH tun, damit mein Kind ‚richtig' reagieren kann?"

Eine unbedachte Äußerung

Helmut, knapp 13, hatte früher von der Schule aus und möchte seiner Mutter eine Freude machen. Er räumt das Wohnzimmer auf, putzt Küche und Badezimmer. Den ganzen Nachmittag hat er gearbeitet, sich beeilt, auf das Fernsehprogramm verzichtet. Als die Mutter nach Hause kommt, führt er sie freudestrahlend durch die Wohnung. Sie prüft alles schweigend, mit kritischem Blick. Als sie zum Geschirrspüler kommen, meint sie „Der ist nicht ausgeräumt!"

Für Helmut war dieser Satz wie ein Schlag ins Gesicht. Er verzog sich ins Kinderzimmer. Die Mutter ging zur Tagesordnung über, ohne zu merken, was sie angerichtet hatte.

Es ist unglaublich, was unbedachte Äußerungen anrichten können. Im Fall von Helmut war es ein Motivationskiller, so als hätte man ihm gesagt: „Egal wie sehr du dich anstrengst, es ist nie gut genug!" Ich kenne die Mutter. Das Wohl ihres Sohnes war ihr immer sehr wichtig. Er war ein

braves und unauffälliges Kind, dem vieles geboten wurde. Doch offenbar hatte sie es verabsäumt, seine Gefühle wahrzunehmen, ihn darüber reden und vielleicht auch einmal „frech" werden zu lassen.

Unbedachte Äußerungen und ihre Folgen

Helmut ist inzwischen 34 Jahre alt. Trotz hoher Intelligenz hat er mehrmals die Schule abgebrochen. Was er im Leben erreicht hat, liegt weit unter seinen Möglichkeiten. Diese Kindheitserinnerung ist ihm im Gedächtnis geblieben, als ob es gestern gewesen wäre. Mit seiner Mutter hat er nie darüber gesprochen.

Helmut ist belesen, kultiviert und übt sich gerne in Selbstdarstellung. Er versteht es ausgezeichnet, zu analysieren, warum etwas nicht geklappt hat. Doch wenn der Erfolg nicht sicher ist, lässt er es lieber bleiben. Dadurch verpasst er so manche gute Chance. Es entsteht ein Kreislauf, der ihn in die Depression treiben kann.

Helmut besucht seine Mutter regelmäßig. Er ist zu ihrem „Beichtvater" geworden. Von seinen existenziellen Nöten (Jobverlust, Delogierung) erfährt sie allerdings nichts. Sie würde ihm ja doch nur Vorhaltungen machen oder kluge Ratschläge geben.

Nur wenn Kinder sich mit all ihren Emotionen und auch mit Kritik an uns wenden können, erfahren wir, was sie ansonsten in sich hineinfressen und können verhindern, dass sie Bewältigungs- und Abwehrmechanismen entwickeln, die sie daran hindern, sich offen, mutig und selbstbewusst den Herausforderungen ihres Lebens zu stellen.

Erziehung und Selbsterziehung

Gibt es die perfekten Eltern? Gibt es die perfekte Kindheit? Wer ist ganz frei von persönlichem Versagen? Sind Kinder erwachsen geworden, ist es wichtig, Bilanz zu ziehen, sich von ihrer Kindheit zu verabschieden und sie ihr eigenes Leben leben zu lassen. Das bedeutet, sich auch Kritik, vielleicht auch Vorwürfe anzuhören. Es ist für beide Seiten heilsam, ehrlich und versöhnlich darauf einzugehen und auch auf das Danken nicht zu vergessen.

Manche seelischen Verletzungen aus Kindheitstagen sind schwer zu heilen und die Narben der Kindheit schmerzen oft lebenslänglich. Trotzdem gibt es nichts Unterschiedlicheres als das, was Menschen aus ihrer „Mit-

gift" Kindheit machen. Benachteiligte Personen können oft gerade aufgrund ihrer schwierigen Vergangenheit besondere Achtsamkeit, Stärke und Einfühlungsvermögen entwickeln und manchmal sogar Großes für die Menschheit leisten. Andere, denen man versucht hat, alles zu bieten, verweigern, versagen oder kommen auf die schiefe Bahn.

Kindheitsbelastungen aufarbeiten

Egal wie traurig unsere Kindheit war: Wir müssen uns unserer Vergangenheit stellen, unsere Gefühle wahrnehmen und dann versuchen, uns mit dieser Vergangenheit auszusöhnen und uns nötigenfalls Hilfe dabei holen. Doch dann gilt es, nach vorne schauen.

Es nützt niemandem, in Schuldzuweisungen und Selbstmitleid zu baden. Damit verhindern wir Entwicklung, vertun unsere Chancen und stolpern von einem Misserfolg in den anderen – um dann wieder andere, meist unsere Eltern, dafür verantwortlich zu machen. Buchtipp: „Selber schuld!" von Raphael Bonelli.

Erziehung und Entwicklung ist ein lebenslanger Prozess

Mit 18 werden nur die Rollen getauscht und wir müssen unsere Erziehung selbst in die Hand nehmen, um unsere Fähigkeiten zu vermehren und unseren Charakter zu veredeln, durch Offenheit, Kritikfähigkeit und Disziplin.

Goethe sagte: „Auch aus Stolpersteinen, die dir in den Weg gelegt werden, kannst du etwas Schönes bauen!" Mit dieser Einstellung können Wunden zu Ressourcen werden. Dann werden wir Hindernisse überwinden, Zufriedenheit erleben, Achtung und Selbstachtung gewinnen. Und nichts ist wertvoller als der Sieg über die eigenen Unvollkommenheiten.

Schuldgefühle – der arme Roland

Rolands Mutter ist Alleinerzieherin. Sein Vater besucht ihn nur selten, wenn er gerade dazu aufgelegt ist und wenn sich der Bub „ordentlich" benimmt. Seine Mutter ist froh, wenn er überhaupt kommt. So gerne hätte sie ihm eine „richtige" Familie mit einem Vater, mehreren Geschwistern und ein schönes Heim gegönnt und nun sieht alles ganz anders aus. Es belastet sie, dass dies nicht gelungen ist und es ist, als würde sie es als ihr eigenes persönliches Versagen betrachten. Die Mutter will das Beste für ihr Kind, tut was sie kann und schenkt Roland ihre ganze Zuneigung und Aufmerksamkeit. Sie erzieht ihn partnerschaftlich und voller Wertschätzung, doch achtet sie nicht auf die „Ordnungen der Liebe" und die Ebenen des Respekts. Sie will ihn schließlich nicht unterdrücken. Er hat alle Rechte, sie alle Pflichten. In der kleinen Wohnung hat sie weder Raum noch Zeit für sich selbst. Roland hängt an seiner Mutter und ist mit seinen 8 Jahren total hilflos ohne sie.

Aus Mitleid wird alles entschuldigt

Gleichzeitig ist er rücksichtslos und fordert sie immer öfter zum Machtkampf heraus. Sobald Roland ein Problem hat, wird sie weich. Er hat sich weh getan? „Du armes Kind!" Er schlägt seine Mitschüler? „Man hat ihn schließlich provoziert". Die Lehrerin tadelt ihn: „Sie sollte doch Verständnis haben, weil ..." Er hat keine Freunde? „Die sind egoistisch und böse".

Das Drama des Kindes: einerseits Ablehnung durch Vater, Freunde, Lehrer, andererseits falsche Kompensation durch die Mutter. Sie setzt ihm zu wenige Grenzen, löst all seine Probleme und nimmt ihn auch dann in Schutz, wenn er im Unrecht ist.

Halt statt Nachgiebigkeit

Wie kann sich die Mutter aus dieser „Teufelsspirale" wieder befreien? Sie muss aufhören, sich für alles verantwortlich und zuständig zu fühlen. Sie muss sich abgrenzen und auch für sich selber sorgen. Roland braucht mehr Widerstand und Halt statt Überfürsorge und Nachgiebigkeit.

Zwei Dinge gilt es zu unterscheiden: Es ist wichtig, Verständnis für das Kind zu haben und es nicht ins „böse Eck" zu stellen. Kinder müssen immer die Solidarität ihrer Eltern spüren können, auch und gerade dann, wenn sie „schlimm" sind. Aber deshalb darf man die Dinge nicht verharmlosen, sondern muss sie beim Namen nennen und angemessen reagieren.

Kritik ertragen lernen

Roland muss auch Kritik ertragen lernen, statt darauf mit „du Blöde" der Mutter oder der Lehrerin gegenüber zu reagieren. Er muss mit den Folgen seines Tuns konfrontiert werden, mit Konsequenzen und nötigenfalls auch mit Strafe. Wenn ihm die von Schuldgefühlen geplagte Mutter all das „ersparen" will, nimmt sie ihn in Wirklichkeit nicht ernst und legt damit erst recht den Grundstein für seine derzeitigen und künftigen Schwierigkeiten.

Den eigenen Anteil erkennen helfen

Die Mutter muss Roland hinführen, auch die Bedürfnisse anderer und vor allem ihre eigenen zu respektieren und den persönlichen Anteil am jeweiligen Problem zu erkennen. Eine Möglichkeit wäre: „Erzähl mir, wie es dazu gekommen ist" – offen und wohlwollend fragen, damit der Bub nicht in Abwehr geht, sondern die Möglichkeit hat, selber zur Einsicht zu gelangen. Weiters muss sie hinterfragen helfen („Kannst du dir erklären, warum die Lehrerin gerade dich zum Direktor geschickt hat?") Die Mutter darf sich nicht mit „Weil sie mich nicht mag" zufrieden geben, sondern muss weiter konfrontieren: „Was war denn der Anlass und was hast du dazu beigetragen?" Sie muss Solidarität aber auch Konsequenz zeigen, z.B.: „Komm, ich begleite dich, damit du die Angelegenheit mit der Lehrerin und dem Hans klären und die Dinge wieder in Ordnung bringen kannst."

Solidarität und Konsequenz

Die Zusammenarbeit der Eltern und Erzieher ist gerade in solchen Fällen ganz besonders wichtig. Wenn Roland kritisiert wird, darf die Mutter es nicht als ihr eigenes Versagen sehen, sonst reagiert sie wie er, mit Abwehr statt mit Einsicht. Sie sollte zwar um Verständnis für ihr Kind werben, aber ihm nicht die Verantwortung abnehmen und bereit sein, die erforderlichen Maßnahmen mit den anderen Bezugspersonen abzusprechen und durchzusetzen. Eine Familientherapie und begleitende therapeutische Maßnahmen für das Kind werden in solchen Fällen ebenfalls nötig sein.

Vertrauen in den guten Kern

Vor allem aber sollte die Mutter Vertrauen in ihr Kind haben: Es hat einen guten Kern und wird lernen, sich den Problemen und Herausforderungen seines Lebens zu stellen, wenn sie es zulässt. Ansonsten könnte es passieren, dass sie die Achtung ihres Kindes verliert und es so rücksichtslos wird, dass sie es eines Tages selber beschimpfen und hassen wird. Und gerade das hat sich kein Kind verdient.

Das gebrochene Versprechen

Morgen Abend muss Papa Rasen mähen, aber danach, so verspricht er, wird er mit Tina, 7, eine Runde „Mensch-ärgere-dich-nicht" spielen. Tina hat sich schon so sehr darauf gefreut. Jedoch: statt Rasen zu mähen und mit ihr zu spielen, verbringt er den Abend vor seiner Play-Station. Sie schildert Mama ihre Enttäuschung. Die Mutter erinnert den Vater an sein Versprechen. Die Nachbarn hatten Besuch bekommen und da wollte er nicht mit dem lauten Gerät stören. Infolgedessen hat er ganz auf Teil zwei des Abendprogramms vergessen. Tina möge daraus kein Drama machen.

Zuverlässigkeit stärkt die Vertrauensbasis

Offenbar ist sich dieser Vater nicht bewusst, welch wichtige Rolle er im Leben seiner Tochter einnimmt und wie viel Freude oder Enttäuschung er bei ihr verursachen kann. Er hat gleich zwei Kardinalsfehler begangen: Sein Versprechen gebrochen und ihre Gefühle missachtet. Obendrein hält er es nicht für nötig, sich zu entschuldigen. Mit solchem Verhalten können wir das Selbstwertgefühl unserer Kinder tief verletzen. Es kann doch nicht die Absicht des Vaters sein, seine Tochter zu kränken?

Jedem kann einmal etwas dazwischen kommen und Kinder können viel Verständnis aufbringen – vorausgesetzt, sie fühlen sich ernst genommen und respektiert. Die Liebe und das Vertrauen unserer Kinder sind ein großes Geschenk, mit dem wir behutsam umgehen sollten. Wer Kindern gegenüber zuverlässig ist, kann bei ihnen enorm punkten. Außerdem müssen wir mit gutem Beispiel voran gehen, wenn wir wichtige Eigenschaften wie Zuverlässigkeit auch von ihnen erwarten.

Kindheit lässt sich nicht aufschieben

Wir Erwachsene sollten unsere Prioritäten manchmal neu überdenken. Viele Tätigkeiten können wir zu einem späteren Zeitpunkt nachholen. Kindheit lässt sich jedoch nicht aufschieben – und im Nachhinein gesehen, vergeht sie viel zu schnell. Was gibt es Wichtigeres, als Kinder zu fördern und ihnen eine Freude zu machen? Wer sich ehrlich auf Kinder einlässt wird erfahren, dass die Freude, die von ihnen ausgeht, mit einem oberflächlichen Fernseh- oder Computerabend nicht zu vergleichen ist.

Rechthaberei:
„Hab ich es dir nicht gesagt!?"

Susi, 9, ist mit ihrem Fahrrad unterwegs. Die Mutter warnt: „Pass auf! Fahr nicht so schnell! Da gibt es Schlaglöcher!" Susi hört nicht. Wenig später ist es passiert. Die klassische Elternreaktion: „Hab ich es dir nicht gesagt!?" Viele Leser werden sich daran erinnern, wie sehr sie solche Sätze als Kinder gehasst haben: Sie klingen vorwurfsvoll, rechthaberisch, besserwisserisch. Trotzdem fällt es uns so schwer, sie uns zu verkneifen. Schließlich sollen Kinder ja daraus lernen! Tun sie das? Nicht wirklich! Warum sind sie nur so stur und uneinsichtig? Weil die Besserwisserei eine emotionale Abwehr erzeugt, weil man sich als der Dumme abgestempelt fühlt und keinen Gesichtsverlust hinnehmen möchte. Man bleibt stur und nimmt lieber auch die nächste Panne in Kauf. Darf man denn gar nichts mehr sagen? Wie sollen wir unsere Kinder denn schützen?

Information statt Warnungen

Statt Warnungen, die Abwehr erzeugen und wie selbst erfüllende Prophezeiungen wirken, kann man einfach nur Information geben: „Schau mal auf die Straße! Was siehst du da?" „Da sind viele Löcher!" „Richtig! Bin neugierig, ob du es schaffst, überall auszuweichen!" Damit motivieren Sie, vertrauen auf die Kompetenz des Kindes und überlassen ihm die Verantwortung. Die wird es ergreifen und vorsichtig fahren.

Auf Rechthaberei verzichten

Das Kind hat auf eingangs zitierte klassische Warnung nicht gehört, ist gestürzt. Stellen Sie ohne Ironie und Vorwurf einfach fest: „Jetzt hast du es ausprobiert!" Die Lektion wird es sich selbst geben: „Ja, das nächste Mal muss ich vorsichtiger sein!" Man kann auch das Gute am Schlechten loben: „Du bist gut gefallen. Du hast dich geschickt abgerollt!" Manchmal passt auch eine Prise Humor: „Die einen lernen von Mama und Papa, die anderen durch Erfahrung!" oder „Was kannst du daraus lernen?" Hilfreich ist es auch, einfach gar keinen Kommentar abzugeben und, falls erforderlich, erste Hilfe zu leisten, mit ein wenig Verständnis, ohne übertriebenes Mitleid.

Nichts ist wirksamer, als das Lernen durch Erfahrung. Die Aufgabe der Eltern ist es, sie angemessen zu ermöglichen und zur Einsicht hinzuführen, anstatt sie unter die Nase zu reiben. Dann können unsere Kinder Fehler ohne Gesichtsverlust und Abwehr zugeben und – daraus lernen.

„Wie ein Blödmann!"

Jochen, 6 Jahre, ist des Öfteren außer Rand und Band, benimmt sich bockig, albern, ärgert das Baby. Die Mutter: „Du führst dich schon wieder auf wie ein Blödmann!" Unbedachte Worte verletzen, verhärten die Situation, weil sie nur Vorwürfe und einen negativen Stempel enthalten. Das macht unsicher, wird durch Albernheiten überspielt oder durch Aggressionen kompensiert – ein Teufelskreis.

Ein positives Selbstbild vermitteln

Jochen braucht Grenzen, aber mit Klarheit und Verständnis, die ihm Halt und Hilfe bieten, sein angeknackstes Selbstwertgefühl wieder aufzubauen. Man muss ihm ein positives Bild seiner selbst vermitteln, nicht ständige Dämpfer. Wie würden Sie sich fühlen, wenn Sie nur Kritik und beleidigende Aussagen hören?

Seit der Geburt der kleinen Schwester steht sie im Mittelpunkt. Jochen braucht positive Aufmerksamkeit, muss als Großer gewürdigt und ernst genommen werden, mit mehr Rechten, aber auch mehr Pflichten. Der Vater sollte sich verstärkt um Jochen kümmern und damit gleichzeitig die Mutter entlasten. Damit Jochen nicht den Eindruck hat, dass er gegenüber dem Baby immer die „zweite Geige" spielen muss, sollten die Eltern z.B. auch die Verwandten bitten, zuerst den Großen zu begrüßen.

Klarheit mit Verständnis

Man muss Jochen im Voraus sagen, was man von ihm erwartet und ihm klare Anleitungen geben, damit er sich darauf einstellen kann. Seine Bedenken und Einwände müssen ernst genommen und ausgeräumt werden, bevor man etwas beginnt. Hinterher helfen Nachbesprechungen, die ihn reflektieren und Einsicht entwickeln lassen. Eltern sollten gut beobachten und ihm seine positiven Seiten vor Augen führen, vor allem wenn er es am wenigsten erwartet.

Jochen braucht Verständnis für seine emotionalen Wechselbäder, z.B. „Du musst einen ordentlichen Wutstau gehabt haben, als du plötzlich hingingst, und scheinbar grundlos die Kleine erschreckt hast." Nach beschreibenden, aber nicht beleidigenden Konfrontationen muss man Jochen Gelegenheit geben, sich zu äußern und darauf eingehen, ohne dass er sich verhört und ins Eck gedrängt fühlt.

Besteht die Erfahrung, dass Jochen nicht leicht hört, hilft es nicht, ihm von weitem etwas zuzurufen und sich durch sein Ignorieren lächerlich zu machen.

Durch Umsicht vorbeugen

Eltern brauchen Umsicht und müssen rechtzeitig auf die Bremse steigen, ihn auch beim Freundinnenklatsch nicht aus den Augen verlieren, sondern zwischendurch immer wieder Aufmerksamkeit schenken und dann erst weiter reden.

Haben sich einmal schlechte Gewohnheiten eingeschlichen, sollte man unbedingt einen Elternführerschein besuchen, um zu üben, wie einfühlsames Zuhören geht, wie man wirkungsvolle Ich-Botschaften sendet und eine Zeit lang im Gespräch mit einem Experten bleiben, um das Gelernte wirkungsvoll in die Praxis umzusetzen. Es wird sich lohnen, denn das Leben mit Kindern wird schöner und entspannter. Kompetent erziehen lässt Kinder gedeihen und bringt Eltern Stolz und Freude.

Grobian und Löwenmama

Familie Schulz sitzt gemütlich beim Esstisch. Plötzlich sagt Walter, 7, ohne ersichtlichen Anlass, spielerisch respektlos zu seinem Vater: „Du bist ja huschi, huschi!" Der Vater fühlt sich beleidigt und droht: „Sag das noch einmal, dann fangst du eine!" Der Sohn wiederholt testend provokant: „Huschi, huschi" Die Mutter sieht ihre Brut in Gefahr und zieht die Notbremse, indem sie den Vater attackiert: „Wenn du ein Problem hast, dann geh bitte gleich vom Tisch!"

Der Teufelskreis

Dass Kinder provozieren und testen, wie weit sie gehen können, ist nichts Außergewöhnliches. Da der Vater mit verbaler Gewalt reagiert, heizt er den Widerstand des Sohnes erst so richtig an und bringt sich selbst unter Zugzwang. Dieser spürt den Schutz der Mutter und wagt sich noch weiter vor. Nichts Gutes ahnend reagiert die Mutter mit Schutzreflex und verbaler Attacke gegen ihren Mann.

Wir befinden uns in einem Teufelskreis: Der Vater droht, die Mutter schützt, der Sohn wird noch frecher. Bei Szenen wie dieser wird nicht nur die Mahlzeit, sondern auch der Familiensegen verdorben. Indem sich die Mutter mit dem frechen Sohn solidarisiert, untergräbt sie die Autorität des Vaters und schadet damit sowohl dem Kind, als auch der Partnerschaft.

Ausstieg aus der Gewaltspirale

Mit der Drohung „Wenn du es noch einmal sagst ...", steigt der Vater in einen Machtkampf ein. Der Sohn fühlt sich angegriffen und reagiert unter dem mütterlichen Schutz mit „und jetzt erst recht". Das muss nicht sein! Anstatt mit einer Drohung könnte der Vater den Spieß umdrehen und zurückfragen: Wie bitte?! Ich habe mich wohl verhört?!" Oder: „Bitte keine Beleidigungen, auch nicht im Scherz!" Sollte die kindliche Frechheit Ausdruck eines laufenden Konflikts sein, dann muss sich der Vater zuerst „mit dem Widerstand verbünden" (z.B. „Du kannst nicht verstehen ...", „Dir passt nicht was ich sage. Wo ist dein Problem?") Erst dann weist er ihn wegen seiner Respektlosigkeit zurecht. Wenn der Sohn innehält und Einsicht zeigt, ist die Sache erledigt. Ansonsten wird er vom Tisch weggeschickt, nicht der Vater.

Elterliche Solidarität

Verzichtet der Vater auf Drohungen und Gewalt, wird es der Mutter leichter fallen, ihren falsch platzierten Schutzreflex einzustellen und ihrem Mann Solidarität zu bekunden: „Sag Walter, wie redest du mit deinem Vater?!" anstatt ihn vor den Kindern lächerlich zu machen. „Du sollst Vater und Mutter ehren": Damit die Kinder dies beherzigen können, müssen es die Eltern zuerst vorleben. Vielen Eltern ist nicht bewusst, wie wichtig es ist, auch im Konfliktfall respektvoll miteinander umzugehen und einander den Rücken zu stärken. Wenn Kinder die Oberhand gewinnen, wird das Familienklima mühsam und die Erziehung entgleitet den Eltern; zum Schaden der Kinder.

Nach Szenen wie dieser, müssen die Erwachsenen ein klärendes Gespräch unter vier Augen führen, das mit wechselseitigen Entschuldigungen endet. Um eingefahrene Muster zu durchbrechen, brauchen sie vielleicht auch externe Hilfe.

Weder Püppchen noch Teddybär

Der späte Vater liebt seine einzige Tochter Mira, 10, abgöttisch. Sie ist sein Stolz und das zeigt er auch gerne in der Öffentlichkeit, manchmal durch übertriebene Zärtlichkeiten. Dabei achtet er nicht auf ihren Widerstand, wenn er ihr z.B. scheinbar vertraut über ihren Kopf tätschelt. Auf ihr „Papa, lass das!", meint er verharmlosend „Du bist mein Zuckerpüppchen!" Wird sie unwirsch, so wirft er ihr vor „Sei nicht so zickig!" Zu Freunden meint er erklärend: „Sie ist schon in der Vorpubertät!"

„Du blöder Papa!"

Auch zu Hause gibt es Szenen, wo sich Mira seinen gekünstelten Annäherungsversuchen verweigert. Statt ihr „Das will ich nicht!" ernst zu nehmen, neigt er zur Ironie: „Das war doch nur ein Spaß!", worauf sie direkt mit „Du blöder Papa!" kontert und er mit „Sei nicht so frech!", so als wäre sie die Böse. Spaß an falscher Stelle ist oft nur die Verkleidung einer Grenzüberschreitung, die verschleiert, dass man die Würde des Kindes missachtet.

Keine Grenzüberschreitungen

Der Vater erzeugt in Mira ambivalente Gefühle. Kinder sind nicht die Püppchen und Teddybären für unseren Liebesbedarf oder unser Geltungsbedürfnis. Wenn Eltern die Grenzen ihrer Kinder und ein gelegentliches Stopp akzeptieren, dann gewinnen sie ihr Vertrauen zurück. Durch Wohlwollen, Offenheit und Echtheit schaffen wir die Vertrauensbasis, die nötig ist, um Zärtlichkeit entstehen zu lassen.

Akzeptieren wir auch, dass Kinder ein unterschiedliches Bedürfnis nach Nähe haben, und dass sie diese oft unterschiedlich zu beiden Elternteilen ausdrücken. Wenn wir uns nach einer Umarmung sehnen, so dürfen wir das offen sagen, uns aber nicht aufdrängen.

Es ist wie bei Kätzchen, wenn man sie fängt und drückt, kratzen oder fliehen sie. Wer da ist und warten kann, auf den kommen sie zu, holen sich Zuwendung, lassen sich streicheln und gehen, wenn sie genug davon haben – um wieder zu kommen.

Schritt zum Missbrauch

Aufgedrängte Zärtlichkeiten sind der erste Schritt zum Missbrauch, auch wenn er weder beabsichtigt ist noch tatsächlich stattfindet. Kinder, denen nicht gestattet wird, sich abzugrenzen, werden auch leichter Missbrauchsopfer durch Fremde. Die Grenze eines Kindes zu achten bedeutet tiefen Respekt. Darin zeigt sich die wahre Liebe.

Kapitel 9

Kinderstreit und Eifersucht

Obwohl Eltern wissen, dass Rivalität und Eifersucht zwischen Geschwistern und Spielkameraden eine ganz natürliche Sache sind, können die Streitereien im Kinderzimmer ganz schön an den Nerven zehren.

Anhand einiger Fallbeispiele möchte ich Anregungen geben, was Eltern tun können, damit ihre Kinder einen herzlichen und friedlichen Umgang miteinander lernen. Zwei Stolperfallen gilt es gleichermaßen zu vermeiden, das wäre insgeheim ein Kind zu bevorzugen und zu versuchen, es allen recht machen zu wollen und dadurch erst recht unter Druck zu kommen.

Auch für Erwachsene sind Konflikte immer eine hoch emotionale Sache. Wenn einer sich benachteiligt fühlt, ob zu Recht oder Unrecht, kommt erste Hilfe durch emotionale Entlastung. Wenn Eltern Verständnis zeigen, dass die Dinge sind wie sie sind, für den einen so, den anderen so, schaffen sie es, ihre „Streithanseln" herunterzuholen. Dann erst kann ein „vernünftiges" Gespräch beginnen.

Hüten wir uns davor, selbst die beste Lösung zu suchen. Das sollen sich die Kinder selbst ausmachen. Wir sind nur dafür zuständig, darüber zu wachen, wie sie zustande kommt. Eltern sollten nicht Schiedsrichter, sondern Streitschlichter sein, in der Fachsprache „Mediatoren" genannt.

Mit ein bisschen Übung und Geschick kann es richtig Spaß machen, das bunte Treiben im Kinderzimmer zu begleiten. Die wichtigste Maßnahme auch hier: das gelebte Vorbild.

Eifersucht
„Willst du mich verhungern lassen?!"

Als die Mutter gerade stillt, meldet sich Simon, 3 Jahre, lautstark: „Ich bin hungrig!" Die Mutter bittet ihn, noch etwas zu warten. Zornig schreit er sie an: „Willst du mich verhungern lassen?!"

Die Mutter reagiert betroffen: „Aber nein, ich komm' ja gleich!" Sie achtet nach Möglichkeit darauf, dass Simon sich nicht benachteiligt fühlt. Er ist ein fröhliches Kind und war anfangs sehr begeistert über die Geburt seiner Schwester. Doch ist er immer häufig gereizt und ungeduldig, wenn sich die Mama um das Baby kümmert. Offenbar fällt es ihm nicht immer leicht, der liebe große Bruder zu sein, der er sein wollte. Was das im Alltag bedeutet, spürt er erst jetzt so mit der Zeit. Er merkt aber auch, dass er seine Mama mit solch heftigen Vorwürfen verunsichern und unter Druck setzen kann. Versucht sie, ihm nur ja alles recht zu machen, dann umso mehr.

Mitleid und Schuldgefühle meiden

Simon befindet sich in einer natürlichen Entwicklungskrise. Er braucht kein Mitleid und keine Schuldgefühle, denn die wird er instinktiv instrumentalisieren, durch Zorn und Unausgeglichenheit. Er braucht zuerst Verständnis für seinen emotionalen Stress, dann erst eine Lösung. Einfühlsam könnte die Mutter seine Gefühle beschreiben: „Du bist verärgert, dass ich immer zuerst das Baby versorgen muss, und das, obwohl du schon sooo hungrig bist!" Simons Vorwurf („Willst du mich verhungern lassen?!") kann sie durch Hinterfragen entkräftigen, nicht durch eine Rechtfertigung. „Meinst

du das wirklich?" und dann auf ihn eingehen. Die Mutter sollte darauf achten, dass sie vor längeren Pflegehandlungen zuerst mit Simon abklärt, was er braucht und was er währenddessen tun kann. Bei allem Verständnis muss sie auch vermitteln: „Ich mute dir das zu!", dann wird er lernen, mit seinen Emotionen klar zu kommen und die ganze Familie kann das Leben zu viert voll genießen.

„Ich bin das Baby!"

Thomas ist fast 3 Jahre alt, als er ein Schwesterchen bekommt. Nach einiger Zeit fängt er wieder mit Baby-Allüren an, verlangt Schnuller und Fläschchen und deklariert lautstark „Ich bin das Baby!" Dass Thomas eifersüchtig ist und Aufmerksamkeit braucht, ist offenkundig. Doch wie weit soll man seinen Wünschen nachgeben?

Allzu oft versuchen Erwachsene in solchen Situationen, dem Kind gut zuzureden: „Ich habe ihm schon so oft erklärt, doch es nützt nichts!" Warum? Weil Erklärungen den Verstand ansprechen. Zuerst aber wollen Kinder emotional abgeholt werden, dann erst sind sie vernünftigen Argumenten gegenüber zugänglich.

Schritte zur Einsicht

Keineswegs sollte man Thomas lächerlich machen und brüskieren, allerdings auch nicht uneingeschränkt nachgeben und „mitspielen". Am besten ist es, wenn die Mutter Verständnis für die kindlichen Gefühle zeigt und ihm hilft, selbst zu hinterfragen. Das gelingt, indem sie einfach zurückfragt „Wirklich? Wer ist hier das Baby und wer ist mein Großer?" Thomas fühlt sich verstanden, wenn die Mutter anerkennt „So ein Baby hat's gut. Ich muss viel Zeit mit ihm verbringen und du musst oft warten. Da möchtest du auch manchmal wieder ausprobieren, wie man sich so fühlt als Baby. Komm, lass uns ein wenig kuscheln. Aber du bist mein Großer, mein einziger Thomas, den

wir sehr lieben." Der Schnuller darf nicht das große Tabu werden. Thomas soll ihn nur dann nehmen, wenn er ihn wirklich braucht. Dadurch vermittelt die Mutter Vertrauen und ermutigt zur Selbstkontrolle. Sie kann auch Vereinbarungen und somit Einschränkungen vereinbaren, an die das Kind sich freiwillig hält.

Neue Anforderungen und Privilegien

Helfen Sie Ihrem Kind dabei, die Rolle des Großen gerne anzunehmen, die neue Rücksichtnahmen, aber auch Privilegien enthält. Das sollten Sie auch Ihrer Umwelt vermitteln, indem Sie zum Beispiel darum bitten, das ältere Kind als erstes zu begrüßen. Die Verwandtschaft neigt dazu, zuerst das Kleine zu bewundern und gibt unabsichtlich dem älteren Kind das Gefühl, unwichtig und ungeliebt zu sein. Kein Wunder also, wenn es mit Verhaltensauffälligkeiten oder Rückschritten reagiert.

Die Geburt eines Geschwisterchens ist für jedes Kind eine Herausforderung, die leicht Regressionen auslösen kann. Mit der verständnisvollen Zuwendung der Eltern wird es diese Hürde leicht überwinden und an Reife und Einsicht dazu gewinnen.

Höflichkeitsfloskeln und Eifersucht

Obwohl Fabian, 3, sich einverstanden erklärt hat, dass das Baby zuerst "abgefüttert" wird, ist er währenddessen lästig und neckt seine Mutter ständig damit, das Glas umzuschmeißen, während dieser gewissermaßen die Hände gebunden sind. Die Mutter ärgert sich, weil sich diese Szene regelmäßig wiederholt und versucht, ihren Sohn mit Geduld zu motivieren. Sie sagt ihm: "Da bin ich jetzt traurig" oder "Das hat mir aber nicht sehr gut gefallen! Sei bitte lieb das nächste Mal!" Fabian lacht verschmitzt und kümmert sich nicht um ihre Worte oder gibt halbherzige Versprechungen.

Halbherzige Botschaften kommen nicht an

Warum bleibt die Intervention der Mutter ohne Wirkung? Weil sie ebenfalls halbherzig ist und sie ihre wirklichen Gefühle vor lauter Sanftmut verniedlicht. Besser würde entsprechen: „Jetzt reicht's mir aber! Ich ärge-

re mich, dass du es mir absichtlich schwer machst! Sag mir, was du willst, oder lass mich in Ruhe die Kleine füttern!" Eine heftige Ich-Botschaft, die ihrem wirklichen Gefühl entspricht und die Dinge beim Namen nennt, ohne anzugreifen oder zu beleidigen, lässt Sie dem Kind echt erscheinen und bietet ihm Orientierungshilfe. Fabian muss erfahren, woran er ist. Jetzt gilt es abzuwarten, wie das Kind reagiert, um einerseits verständnisvoll darauf einzugehen, andererseits klare Erwartungen aussprechen. Es kann auch helfen, zwei Alternativen anzubieten: „Entweder ... oder ...", welche die Entschlossenheit der Mutter zum Ausdruck bringen. Achten Sie darauf, dass Sie sich so kurz wie möglich fassen, denn wenn die Dinge „zerredet" werden, hört das Kind gar nicht mehr zu. Außerdem wird das Essen kalt.

Problemlösungsstrategie

Besonders bei immer wiederkehrenden Störungen lohnt es sich, eine Nachbesprechung zu führen. Dabei geht es darum, dem Kind Gelegenheit zu geben, seine Gefühle auszudrücken und es aktiv in die Problemlösung mit einzubinden. Auftakt, z.B.: „Als ich heute Mittag das Baby fütterte, hast du dauernd versucht, das Glas umzustoßen (Sachlage eindeutig, aber nicht beschuldigend beschreiben). Das hat mich wütend gemacht. Am liebsten hätte ich dir auf die Finger geklopft." Beschreiben Sie, wie Sie sich wirklich fühlten. Stehen Sie zu Ihrem eigenen Ärger, Wut, Zorn, etc. Dann laden Sie das Kind ein, nach Lösungen zu suchen, z.B.: „Hast du eine Idee, was dir helfen kann, damit es dir nicht so schwer fällt, deine Schwester in Ruhe essen zu lassen?" Dieser Satz soll positiv formuliert sein und Verständnis vermitteln.

Kinder nicht „abstempeln"

Das Kind als Person darf nicht als böse, eifersüchtig oder lästig abgestempelt, sein Verhalten muss aber eindeutig als unannehmbar qualifiziert werden. Dann sollten Sie Ihre Erwartung ausdrücken, z.B.: „Ich will nicht mehr von dir gestört werden, wenn ich dem Baby zu essen gebe." Hier sind Abschwächungen und Höflichkeitsfloskeln („Könntest du bitte so nett sein ...") fehl am Platz, weil sie nicht den Kern der Sache treffen. Deshalb fühlt sich das Kind nicht ernst genommen („Meine Mutter durchschaut nicht oder will nicht sehen, dass ich absichtlich lästig bin") und kann folglich auch Sie nicht ernst nehmen.

Negative Gefühle müssen raus, damit die guten hinein können.
Gehen Sie auf Einwände ein, vor allem auf die negativen Gefühle und Bedürfnisse, die hinter dem Verhalten des Kindes stecken. Dann erst machen Sie sich aus, welche Regeln für solche Situationen gelten sollen.

Diese Art der Gesprächsführung ist deshalb auch schon bei kleinen Kindern so erfolgreich, weil sie sich dabei ernst und angenommen fühlen können, anstatt die kindliche Abwehr durch Gebote, Verbote und Belehrungen herauszufordern. Sie beinhaltet eine Anzahl positiver und motivierender Botschaften zwischen den Zeilen, wie „Ich traue dir zu, eine Lösung für dein Problem zu finden" oder „Ich trauen dir zu, rücksichtsvoll und kooperativ zu sein". Dabei entsteht ein positives Selbstbild und ein gesundes Selbstbewusstsein. Dann haben Kinder es dann immer weniger nötig, Aufmerksamkeit durch unangenehmes Verhalten zu erregen. Kindliche Eifersucht ist eine natürliche Reaktion auf die Geburt eines Geschwisterchens und Sie sollten Ihre Aufmerksamkeit dem größeren Kind gegenüber nicht vermindern und ihm Möglichkeiten bieten, auf neue Wcise wertvoll zu sein. Keineswegs darf das ältere Kind zu einem Schattendasein neben dem neuen Star der Familie verurteilt werden.

„Musst du ihn schon wieder sekkieren?"

Sebastian (5) hat eine lästige Gewohnheit. Wenn ihm langweilig ist, geht er zu seinem Bruder Philip (9) und stört ihn, zum Beispiel beim Lesen. Er beugt sich ganz tief auf die Buchseite, sodass Philip nicht weiter lesen kann. Auf Philips „Lass das!" fragt er unschuldig: „Was liest du denn da?" und blättert weiter. Nachdem Sebastian auch Philips: „Hör auf damit!" ignoriert, ruft dieser die Mutter: „Der Sebastian lässt mich nicht in Ruhe lesen!" Die Mutter kommt aus der Küche und fragt Sebastian genervt, weil sie diese Inszenierung schon gut kennt: „Musst du den Philip schon wieder sekkieren?" Sebastian: „Ich will ja nur schauen!" Mutter: „Du hast

doch deine eigenen Bücher!", zu Philipp: „Jetzt lass ihn doch ein bisschen schauen! Dann kannst du in Ruhe weiterlesen!" Der Konflikt scheint gelöst, doch an der zugrunde liegenden Dynamik hat sich nichts geändert.

Nicht „abstempeln" und Lösungen servieren

Die Mutter macht unabsichtlich zwei Fehler: ihre ersten Fragen an Sebastian stempeln ihn als Störenfried ab. Damit macht sie es ihm sehr schwer, aus dieser Rolle auszusteigen. Der zweite Fehler besteht darin, dass sie sich für die Lösung zuständig fühlt, anstatt ihre Kinder danach suchen zu lassen und ihnen damit eine Chance zu geben, sich dafür verantwortlich zu fühlen. Sie kritisiert Sebastian, überredet aber den Großen, wieder einmal nachzugeben. Ambivalent, oder? Im Grunde hat sich Sebastian mit seiner frechen Art durchgesetzt.

Muster durchbrechen

Statt den Störenfried Sebastian zu kritisieren, könnte sie ihn durch Fragen zur Einsicht lenken: „Hast du deinen Bruder gefragt, ob du mitlesen darfst?" Wenn er verneint oder meint: „Er lässt mich ja nicht!", muss sie ihm die Regel erklären: „Dann musst du das respektieren!" Auf Sebastians Wunsch „Ich will, dass er mir etwas vorliest oder mit mir spielt!" sollte die Mutter nicht bei Philip intervenieren, sondern Sebastian auffordern, im eigenen Namen zu sprechen: „Frag deinen Bruder, wann er wieder für dich Zeit hat!" Sie sorgt dafür, dass die beiden eine konkrete Vereinbarung treffen. Sie würdigt Philips Bereitschaft und Sebastians Geduld, gerade jetzt zurückzustecken. Klug ist es, wenn sie Sebastian durch Fragen hilft, nach Alternativen zu suchen. Wenn sich Philip abgrenzen darf, ist auch er eher bereit, Konzessionen zu machen.

Tritt die Mutter als Vermittlerin statt als Schiedsrichter auf, hilft sie ihren Söhnen dabei, selbständig Konfliktkultur und Lösungsstrategien zu erarbeiten, die das Recht auf Abgrenzung bei gegenseitiger Wertschätzung beinhalten.

Das Streitschlichtdilemma

Die Schwestern Birgit (11) und Anna (13) streiten viel und heftig. Die Mutter macht einen Elternkurs mit Streitschlichtprogramm. Beim nächsten Anlass will sie helfen, dass der Streit aus der Welt kommt und bittet ihre Töchter zum Gespräch. Sie fragt beide abwechselnd: Wie ist es dazu gekommen? Wie hast du es erlebt? Wie fühlst du dich dabei? Welche Lösung könnt ihr finden? Fällt euch etwas ein? Jede legt ihren Standpunkt dar, es wird heftig diskutiert und weiter gestritten. Nach einer Weile meint die Mutter verärgert: „Jetzt bin ich frustriert: Da bemühe ich mich, dass ihr eine Lösung findet und es kommt nichts dabei heraus!" Da meinen die Mädchen: „Mama, mach dir nichts draus, wir regeln uns das schon!" Arm in Arm verschwinden sie in ihrem Zimmer.

Die Eltern sind für den Prozess, die Kinder für die Lösung zuständig

Die Mutter ist perplex: Hat sie versagt? Im Gegenteil! Sie hat ihre Töchter angehört, emotional entlastet und dafür gesorgt, dass einander zugehört wird, dass alles auf den Tisch kommt. Als es ihr zu lange vorkam, hat sie aus ihren eigenen Gefühlen kein Hehl gemacht. Genau diese beiden Faktoren haben die Lösung herbeigeführt. Auch wenn die Mutter sie zunächst nicht kennt: Hauptsache, sie wird gefunden! Dazu hat sie entscheidend beigetragen.

Nachdenkpause und Vertrauensvorschuss

Ist die Lösung nicht sofort greifbar, hilft ein Anstoß oder eine Pause, mit Vertrauensvorschuss: „So, jetzt haben wir alles dazu gehört. Denkt einmal darüber nach! Danach findet ihr sicher eine Lösung!" Anders als viele andere Eltern hat diese Mutter den Streit weder unterdrückt („Jetzt streitet nicht schon wieder!") noch die Lösung diktiert. Sie hat das klärende Gewitter moderiert und ihrem Frust Luft gemacht. Der Rest ergibt sich wie von selbst. Mit der Zeit werden diese Mädchen immer kompetenter und schneller miteinander klar kommen und viel fürs Leben dabei lernen. Und wenn sie überfordert sind, wissen sie, an wen sie sich wenden können.

Das Schaukelpferd

Teresas (4) Schaukelpferd steht schon lange unbeachtet in der Ecke. Doch jetzt, wo Martina (1) beginnt, sich dafür zu interessieren, wird es für sie wieder attraktiv. Als die kleine Schwester zum Schaukelpferd will, nimmt sie es als Erste in Beschlag und schaukelt immer heftiger, je näher Martina auf sie zukrabbelt. Sie überhört Mamas Zurufe, "Pass auf, stopp!" Doch schon hat sie über die kleinen Fingerchen geschaukelt. Die Mutter nimmt tröstend Martina hoch und verzichtet darauf, Teresa niederzubrüllen, sondern meint ernst: „Geh in dein Zimmer, wir besprechen das hinterher". Nach einer Weile kommt Teresa wieder und sagt: „Ich muss der Martina etwas ins Ohr flüstern." Ein Zauberwort war zu vernehmen: „Entschuldigung!" Der Mutter ist zu ihrer kompetenten Vorgangsweise zu gratulieren. Sie war konsequent, ruhig und gefasst.

Die Frage „Warum?" erzeugt Abwehr

Doch bei der Nachbesprechung gibt es Blockaden. Auf die Frage „Warum hast du eigentlich weiter geschaukelt?" bekommt die Mutter lediglich „Ich wollte halt!" Mutter: „Wenn ich zu dir sage ‚Aufhören!' dann musst du aufhören!" Teresa beharrt: „Ich will aber schaukeln! Ich will ganz alleine schaukeln!" Mutter: „Aber du willst auch nicht, dass dir jemand weh tut!" Teresa trotzig: „Mir tut das nicht weh!" Mutter: „Aber deiner Schwester! Das darfst du nicht! Ich kann auch nicht auf deine Finger steigen, nur weil du vielleicht am Boden spielst!" Dieser Dialog endet in der Sackgasse, weil er zu belehrend ist.

Die Perspektive des Kindes einnehmen

Will man Kinder zur Einsicht hinführen, darf man nicht mit Belehrungen beginnen, sondern lieber wertfrei beschreiben, was man wahrgenommen hat und dann nachfragen: „Das Schaukelpferd war lange Zeit unbeachtet in der Ecke. Ich dachte, du brauchst es nicht mehr. Aber wenn sich deine kleine Schwester dafür interessiert, willst du unbedingt darauf schaukeln. Das verstehe ich nicht!" (= Widerspruch erkennbar machen). Jetzt hat Teresa Erklärungsbedarf, ohne sich angegriffen zu fühlen. Sie kann nun ihren Gefühlen freien Lauf geben und Sie erfahren „warum": „Das Schaukelpferd gehört mir!" Anerkennen Sie dieses Argument: „Ja, das hast du mit einem Jahr zu Weihnachten bekommen!" Und können Sie Empathie erzeugen helfen: „Kannst du verstehen, dass deine kleine Schwester auch einmal schaukeln möchte? Würdest du es ihr borgen?" Ganz bestimmt kommt nun ein großzügiges „Ja!" (bei Nein – Einwand ernst nehmen). Reagieren Sie wieder mit Anerkennung: „Das freut mich!" Nun können Sie einen Vorstoß machen: „Ich habe einen Vorschlag: In Wirklichkeit brauchst du das Schaukelpferd nicht oft, weil du schon groß bist. Ab heute gehört es euch beiden. Ihr müsst euch friedlich ausmachen, wer schaukelt und ich helfe euch dabei. OK?" Darauf folgt bestimmt eine Zustimmung. Es ist erstaunlich, wie großzügig Kinder sind, wenn Sie sich respektiert fühlen. Dann werden sie sich kooperativ verhalten.

Kinder nicht übergehen

Wachsen ältere Kinder aus Kleidern oder Spielsachen heraus, darf man sie nicht übergehen. Sie wollen gefragt und gewürdigt werden. Würden Sie es dulden, wenn jemand anderer über Ihre Kleider oder Gegenstände verfügt, selbst wenn Sie keine Verwendung mehr dafür haben?
Auch die Grenzen der Kinder sind zu respektieren, selbst wenn sie noch ganz klein sind. Änderungen müssen angekündigt, Einwände behandelt werden. Sonst fühlt sich das Kind übergangen und reagiert bockig, trotzig, aggressiv. Wer Kinder zur Großzügigkeit erziehen möchte, darf diese Grundregel nicht missachten.

Tamara will auch einmal bestimmen!

Mario (5) hat ein großes Geltungsbedürfnis. Er verträgt nicht, dass seine Cousine Tamara (4) auch einmal bestimmen will, was gespielt wird. Wenn sie nicht nachgibt, droht er zu gehen. Das will sie nicht und gibt wieder einmal nach – um sich hinterher darüber zu ärgern.

Machtspiel aus Erpressung und Unterwerfung

Um aus diesem kindlichen Machtspiel aus Erpressung und Unterwerfung aussteigen zu können, brauchen Kinder die Unterstützung der Erwachsenen – nicht um Lösungen zu diktieren, sondern um sie zu fairen Lösungen hinzuführen. Tamara braucht eine Stärkung ihres Selbstwertgefühls, um zu lernen, sich durchzusetzen oder lieber allein zu spielen. Mario muss aushalten lernen, dass es nicht immer nach seinem Kopf geht und erfahren, wie schön es ist, großzügig zu sein.

Für Erleichterung und Klarheit sorgen

Zunächst gilt es, den Kindern neutral und wohlwollend bewusst zu machen, was zwischen ihnen eigentlich läuft. Das schafft Erleichterung und

Klarheit. Das kann die Mutter tun, indem sie ihre Beobachtungen auf den Punkt bringt. Zu ihrer Tochter Tamara: „Gell, du ärgerst dich, dass Mario immer bestimmen will. Aber allein magst du auch nicht spielen. Da gibst du lieber nach, auch wenn du dich hinterher ärgerst …" Wichtig ist, diese Analyse nicht „drüber zu stülpen", sondern Tamaras Bestätigung abzuwarten, sonst reagiert sie mit Abwehr. Sie muss sagen können, wie sie die Dinge sieht, denn genau das laute Nachdenken darüber macht den „Selbstklärungsprozess" aus, der sie reifer und selbstsicherer werden lässt. Fühlt sie sich verstanden, wird sie sagen: „Ja, genau!"

Dann muss sich die Mutter Mario zuwenden und ihm ohne vorwurfsvollen Unterton sagen: „Irgendwie genießt du es, der große Bestimmer zu sein. Verstehst du, dass sich Tamara darüber ärgert? Was macht es so schwer für dich, auch einmal nachzugeben oder ein Spiel zu suchen, das euch beiden Spaß macht?" Jetzt muss Mario zu Wort kommen, damit auch er seinen Gefühlen Ausdruck geben kann. Wenn die Mutter ihn ernst nimmt, stärkt sie seine Bereitschaft, seiner Cousine entgegenzukommen. Auch müssen die Kinder lernen, einander dafür zu würdigen: „Schön, dass ihr einen fairen Kompromiss gefunden habt, findet ihr nicht auch? Danke, Mario! Danke, Tamara!"

Kinder müssen lernen, sich abzugrenzen

Sollte Mario innerlich noch nicht so weit sein, einzulenken, dann muss die Mutter Tamara unterstützen, um standhaft zu bleiben und ihn gehen zu lassen: „Mario mag jetzt nicht mit dir spielen. Also, dann bis zum nächsten Mal!"

Wenn Menschen Wahrheit und Wertschätzung erfahren, lernen sie, die eigenen Grenzen zu achten und die Grenzen anderer zu respektieren. Auf Machtspiele lässt es sich dann locker verzichten.

Das Spiel der Zurückweisungen

Die 8-jährige Romana spielt gerne mit den kleinen Nachbarkindern im Hof. Doch nachdem sie sich eine Weile rührend um die Kleinen kümmert, hat sie plötzlich einen Stimmungsumschwung, reißt einem Kind die Schaufel aus der Hand, die sie ihm zuvor erst geborgt hat, mit dem Hinweis „die gehört mir!" Ein anderes Mal beobachtet die Mutter des kleinen Tobias, 20 Monate, wie Romana plötzlich ganz abweisend wird und ihrem Sohn schroff erklärt: „Lass mich in Ruh, geh weg!" Als der Kleine nochmals auf sie zugehen will, pfaucht sie ihn an: „Warum läufst du mir immer nach! Lass mich in Ruhe!" Tobias Mutter hat sich anfangs nicht eingemischt, sondern ihren Sohn nur getröstet. Ein Vater, der eine dieser Szenen beobachtet, sagt belehrend zu Romana: „Das tut man nicht!" worauf sie unhöflich zurückmault.

Sollen sich Eltern einmischen?

Wie sollen die Eltern sich verhalten? Mit Romana schimpfen? Ihr verbieten, mit ihren Kindern zu spielen? Das wäre eine Ausgrenzung, die kei-

nem Kind hilft. Die Vermutung liegt nahe, dass Romana mit diesem Spiel aus Nähe und Zurückweisung unbewusst versucht, eigene Frustrationserlebnisse zu verarbeiten. Ein Kind, das oft Zurückweisungen ausgesetzt ist, braucht Verständnis und Halt.

Kinder brauchen Unterstützung

Wie kann Romana geholfen und die anderen Kinder geschützt werden? Tobias Eltern können Romana freundlich auf ihr widersprüchliches Verhalten aufmerksam machen, indem sie wertschätzend beschreiben: „Du hast die Kleinen eingeladen und eine Weile ganz lieb mit ihnen gespielt. Doch plötzlich springst du auf und schickst sie weg. Da sind sie ganz verstört. Du siehst, Tobias weint." Sicherlich kommt eine fadenscheinige Rechtfertigung. Schaffen Sie Entlastung, indem Sie Romanas Perspektive einnehmen: „Ich kann verstehen, dass es dir manchmal zu viel wird. Aber dann sag es ihm freundlich. Du kannst mich auch rufen, und dann nehme ich ihn dir ab. Du hast es bestimmt auch nicht gern, wenn jemand so zu dir spricht." Vielleicht schüttet Romana nun ihr Herz aus. Helfen Sie ihr durch aktives Zuhören. Außerdem können Sie Romana helfen, ihr Geltungsbedürfnis zu befriedigen, indem Sie ihr kleine Aufgaben zuteilen und sie „die Große" sein lassen, die bei den Kleinen den Ton angibt, ohne jedoch Überschreitungen zu dulden. Sagen Sie ihr, wie sie sich abgrenzen kann und seien Sie achtsam da, um eine „geordnete Übergabe" einleiten. Romana erhält Verständnis, Dank und Entlastung. So kann ihr Fehlverhalten gestoppt und ihr Selbstwert gehoben werden – die beiden wichtigsten Voraussetzungen für gelungenes Sozialverhalten. Das kostet Sie etwas Zeit und Achtsamkeit, doch Romanas Bedürfnisse und Talente können zum Nutzen aller Kinder positiv kanalisiert werden.

Das Leben der Eltern ist das Buch, in dem die Kinder lesen.

Aurelius Augustinus

Kapitel 10

Glücklich trotz Trennung

Keine Frage – die Trennung der Eltern ist für Kinder ein einschneidendes Erlebnis. Bevor es zu einer Trennung kommt, ist es wichtig, alle Möglichkeiten auszuloten, um bestehende Unstimmigkeiten und Konflikte zu bereinigen. In Fairness und Wohlwollen bewältigte Beziehungskrisen bieten ein enormes Potenzial, die Partnerschaft zu vertiefen und zu festigen.

Ob durch unglückliche Umstände oder eigenes Versagen: Die Psychodynamik von Trennungssituationen ist schon für Erwachsene eine große Herausforderung. Für die davon betroffenen Kinder erst recht. Da gibt es nur eines: Versuchen Sie, aus dem Scheitern zu lernen, die Situation zu akzeptieren, die eigenen Anteile zu erkennen und einzugestehen, das Versagen des anderen und die damit verbundenen Kränkungen zu verzeihen.

Im Interesse des Kindeswohls, aber auch, damit die Hoffnung auf neues Beziehungsglück Wirklichkeit werden kann, ist es wichtig, gut abzuschließen, faire, klare und verbindliche Vereinbarungen zu treffen, und trotz Enttäuschung einen wertschätzenden Umgang als Eltern miteinander zu pflegen. Nur so können Sie Ihren Kindern Loyalitätskonflikte ersparen und die Voraussetzung dafür schaffen, dass die Wunden der Trennung heilen können.

In den nachfolgenden Beiträgen ist vor allem davon die Rede, welche Herausforderungen auf eine Patchwork-Familie zukommen und wie man sie bewältigen kann.

Patchworkfamilie – Olivers Sticheleien

Als Karin ihrem Mann zum Geburtstag ein After-Shave-Set schenkt, meint der 11-jährige Oliver provokant: „So etwas habe ich gestern im Müll gesehen!" Als der Vater so tut, als hätte er diese Bemerkung nicht gehört, gerät die junge Frau außer sich, weil sie sich von ihrem Stiefsohn angegriffen und von ihrem Mann im Stich gelassen fühlt. Sie empört sich über die verspürte Gemeinheit und Schlechtigkeit dieses Kindes, das ihr das Zusammenleben in der Familie immer schwieriger macht – und tritt damit einen ernsten Beziehungskonflikt los.

Vorsicht Teufelskreis!

Fühlen sich Menschen angegriffen, glauben sie oft, nicht anders handeln zu können. Die Handlung oder Bemerkung des anderen wird als Grund und Legitimation für die eigene Reaktion gerechtfertigt – und verschärfen damit den Konflikt. Doch immer haben wir die Wahl, wie wir auf etwas reagieren. Immer haben wir die Wahl, aus einem Teufelskreis auszusteigen – und immer trägt jeder die Verantwortung dafür, ob er es für seinen Teil tut oder nicht.

Nicht auf jede Provokation einsteigen

Wie wäre es gewesen, hätte Karin ihrem Stiefsohn geantwortet: „Anscheinend gefällt dir dieses Set nicht. Hauptsache, deinem Vater gefällt es." Ende der Debatte, weil Karin auf die Provokation nicht einsteigt.

Negative Gefühle können sich erst wandeln, wenn sie angenommen werden

Oder sie nimmt die Gelegenheit wahr, um offen Olivers Ablehnung anzusprechen, z.B.: „Anscheinend gefällt dir gar nichts, was ich tu. Überhaupt habe ich den Eindruck, du magst mich nicht." Ohne beleidigten oder vorwurfsvollen Unterton könnte Karin versuchen, die negativen Gefühle des Kindes zu akzeptieren. Denn erst wenn sie ausgesprochen und angenommen werden, können sie sich wandeln.

Wunsch und Zuversicht ausdrücken

„Unser Familienleben könnte viel schöner sein, wenn es uns gelingt, eine gute Beziehung zueinander aufzubauen." Karin könnte auch noch eine positive Beziehungsbotschaft senden, vielleicht sogar gekoppelt mit einer authentischen Ich-Botschaft: „Weißt du, eigentlich mag ich dich recht gern. Aber wenn du derartige Meldungen von dir gibst, fühle ich mich einfach verletzt." Oliver wäre von einer solchen Reaktion sicher überrascht – und Karin könnte damit das Tauwetter in ihrer Beziehung zum Stiefsohn einleiten.

Sie wollen sich keine Blöße geben?

Viele weigern sich, so zu reagieren, weil sie sich keine Blöße geben wollen. In Wirklichkeit ist es aber eine Stärke, sich verletzlich zu zeigen. Und hat der freche Oliver so viel Wohlwollen überhaupt verdient? Worauf kommt es denn nun wirklich an?

Auf Angriff mit Klarheit und Wohlwollen reagieren

Das erfordert immer, dass wir über den eigenen Schatten springen, unabhängig davon, ob es sich der andere verdient oder nicht. Menschen zu lieben, die nett zu einem sind, ist keine Kunst. In der Bibel steht: „Ihr aber sollt auch eure Feinde lieben". Gemeint sind genau die Menschen, mit denen wir Schwierigkeiten haben. Es geht darum, auf Angriffe nicht mit Gegenangriff sondern mit Klarheit, Verständnis und Wohlwollen zu reagieren. Wir sind auf dieser Welt, um lieben zu lernen – auch unsere Feinde. Wenn dies gelingt, dann findet echte Entwicklung statt, zu unserem eigenen Wohl und dem Wohl unserer Familie, unserer Umwelt, unserer Gesellschaft. Und es wirkt ansteckend.

Die Annahme der negativen Gefühle

Der Weg zum Herzen der Stiefkinder führt über die Annahme der Ablehnung, die sich in Sticheleien und negativen Gefühlen oder Handlungen äußert. Konsequent betrieben, hört jedes Kind einmal damit auf, böse zu sein und der Weg zu einer herzlichen, echten Beziehung wird geebnet – ganz sicherlich, auch wenn es manchmal Jahre dauern kann. Solche Erfolge sind die wahren Errungenschaften des Lebens. Jahre später sagte mir einmal mein Stiefsohn: „Du warst die einzige, auf die ich gehört habe!" Das hat mich überrascht. Bei seinem pubertären Gehabe hatte ich nichts davon gemerkt.

Auch Erwachsene sind oft emotionale Kinder

In unserem Beispiel zeigen sich die Erwachsenen in Wahrheit als emotionale Kinder, nicht weniger als der kleine Oliver. Was hat sich Karin eigentlich erwartet? Nach all den emotionalen Turbulenzen, die Oliver nach der Trennung seiner Eltern bereits durchgemacht hat, ist es normal, dass er Schwierigkeiten macht.

Schön wäre es, Olivers Vater hätte eine reifere und geschicktere Art, bei den Zwistigkeiten zwischen seinem Sohn und seiner Frau zu intervenieren. Aber auch er ist überfordert. Karin müsste ihn erst mit Geduld dahin führen, ihr zu vertrauen, indem sie kompetent auf all die „Boshaftigkeiten" seines Sohnes reagiert. Das heißt noch lange nicht, sich alles gefallen zu lassen. Aber sie muss den Ball anders zurückgeben, als er gekommen ist, um eine Trendwende einzuleiten.

Elternreflex: Aus Solidarität Unarten decken

Auch die Sicht von Olivers Vater ist verständlich. Jede Kritik seiner Frau seinem Sohn gegenüber, ob gerechtfertigt oder nicht, löst in ihm einen Schutzreflex aus. Daher wäre Karin gut beraten, sie würde darauf verzichten, Kurt die Fehler seines Sohnes unter die Nase zu reiben. Denn sie wird nicht Unterstützung sondern Abwehr erleben – auch in Situationen, in denen der Vater ansonsten sehr wahrscheinlich von sich aus seinem Sohn Grenzen gesetzt hätte.

Loyalitätskonflikte

Als Karin Kurt heiratete, war sie überzeugt davon, dass es ihr gelingen würde, seinem Sohn Oliver eine gute Stiefmutter zu sein. Doch der Junge teilte nicht ihre Begeisterung. Er will von der neuen Frau an der Seite seines Vaters und eigentlich auch von den zwei nachkommenden kleinen Geschwistern nichts wissen, die ihm den ersten Rang bei seinem Vater streitig machen.

Es kommt immer wieder zu Auseinandersetzungen, bei denen der Vater die Partei seines Sohnes ergreift und seine Frau beim Ringen um die Autorität gegenüber ihrem Stiefsohn im Stich lässt.

Dieses Paar braucht Unterstützung, um ihre „Patchwork"-Konflikte zu lösen, ansonsten wird es für sie und ihre Kinder immer schwieriger, ein harmonisches Familienleben zu gestalten, bei dem sich alle Beteiligten wohl fühlen und gut entwickeln können.

Urlaub mit Fremden
Oder: Probleme mit Scheidungskindern

Es ist gar nicht so selbstverständlich, dass jugendliche Töchter und Söhne die innige Vertrautheit zu den Eltern aufrecht erhalten, wie zumeist in den Jahren davor. Abgrenzung ist gefragt, abhängig von der Qualität der Beziehung und vom jeweiligen Temperament.

Probleme von Scheidungseltern

Besonders stark zu spüren bekommen diese Problematik Scheidungs-mütter und –väter. Sie sehen ihre Kinder nur wenige Tage im Monat und vielleicht bei einem kurzen gemeinsamen Urlaub. Diese Zeit, auf die sie sich schon sehr gefreut hatten, kann oft anstrengend und enttäuschend sein. Die ungewohnte Nähe macht kleinere oder größere Entfremdungen deutlich.

So beobachtete ich zum Beispiel am Strand einen offensichtlich geschiedenen Vater mit seinen zwei Söhnen, der eine ca. 10, der andere etwa 15 Jahre alt. Sie sprachen kaum miteinander. Der jüngere wurde innerhalb kurzer Zeit mehrmals eingeölt, der ältere hatte etwas zu kritisieren und wurde vom Vater schroff zurechtgewiesen. Der Sohn machte Anstalten, auf Konfrontation zu gehen, ließ es aber mit einer resignativen Handbewegung bleiben, als wollte er sagen: „Es hat ja doch keinen Sinn!" Es folgte betretenes Schweigen bei allen dreien – beim jüngeren, weil er nicht wusste, wie er mit so viel Zuwendung umgehen sollte, beim älteren in einer Mischung aus Resignation und Feindseligkeit. Beim Vater spürte ich Hilflosigkeit und unterdrückte Aggression.

Die Liebesfalle:
übertriebene Fürsorge und Verwöhnung

Zwei typische Haltungen von „Scheidungseltern" wurden hier erkennbar: zum einen das Bemühen, Zuneigung und Nähe durch übertriebene Fürsorge oder Verwöhnung zu „erkaufen", zum anderen die Unfähigkeit, mit Ablehnung umzugehen. Natürlich haben andere Eltern solche

Schwierigkeiten auch, aber durch die tägliche Vertrautheit weiß man besser, sich aufeinander einzustellen.

Authentische Beziehung statt Erziehung im „Schnellsiedeverfahren"

Mein Tipp: Im Urlaub lockerer und großzügiger zu sein als sonst kann nicht schaden, aber hüten Sie sich davor, das Gefühl zu vermitteln, als ob Sie Zuneigung erkaufen wollten. Versuchen Sie im Urlaub auch nicht, im „Schnellsiedeverfahren" krampfhaft Erziehungsarbeit nachzuholen, zu der Sie das ganze Jahr wenig Gelegenheit hatten. Geduld und Einfühlungsvermögen sind gefragt.

Mut und Taktgefühl:
Sprechen Sie atmosphärische Störungen an

Wenn der Konflikt im Schweigen erstickt und nicht aufgearbeitet wird, steigt der Grad der Entfremdung. Schweigen kann vorübergehend helfen, einen Konflikt zu entschärfen und eine Nachdenkpause zu ermöglichen. Eltern sollten aber unbedingt eine passende Gelegenheit suchen, um am Problem anzuknüpfen, z.B.: „Ich hatte den Eindruck, dass du mir vorhin noch etwas sagen wolltest …" Jetzt kommt wahrscheinlich ein Vorwurf, etwa: „Das ganze Jahr über hast du dich kaum um mich gekümmert und jetzt willst du mir vorschreiben, wofür ich (z.B.) mein Taschengeld ausgeben darf!"

Bitte aushalten:
Lassen Sie Kinder ihren Frust „ausspucken"

Egal, ob Sie sich diesen Vorwurf verdient haben oder nicht, reagieren Sie nicht aus Ihrer Kränkung heraus, mit Abwehr („Das stimmt doch gar nicht!"), Rechtfertigung („Mein Beruf ließ mir einfach nicht mehr Zeit") oder Gegenangriff („Du hättest ja auch einmal anrufen können!"). Wichtig ist, dass sich Ihr Kind von Ihnen verstanden fühlt. Setzen Sie auf aktives Zuhören!: „Du hast also das Gefühl, dass ich mich zu wenig um dich gekümmert habe …" Ermöglichen Sie ihm „Dampf abzulassen", womöglich den ganzen Druck, der sich seit langem angestaut hat. Wenn Sie das aushalten, werden Sie eine Trendwende einleiten, denn jetzt erst ist Ihr Sohn oder Ihre Tochter in der Lage auch Ihnen zuzuhören. Senden Sie eine Ich-Botschaft: Schildern Sie Ihre eigene Sach- und Gefühlslage, dann erst gehen Sie zu Erklärungen über, z.B. „Ich bin ganz schön betroffen, das von dir zu hören, aber ich bin froh, dass du so offen zu mir warst (Offenheit würdigen). Weißt du, ich habe die Situation so erlebt …" Auf diese Weise ermöglichen Sie Ihrem Kind, seinerseits Verständnis für Ihre Lage zu entwickeln. Danach suchen Sie gemeinsam nach Lösungen für das konkrete Problem. Sagen Sie ruhig einmal „nein" und stehen Sie zu Ihren Ansichten, aber zwingen Sie nichts auf.

Vorwürfe ernst nehmen und Vertrauen festigen

Hat Ihr Kind Ihnen nichts mehr zu sagen, ist kompetentes Reagieren auf Kritik und Provokation die beste Möglichkeit, das Vertrauen wieder herzustellen: Wenn es sich den Frust von der Seele reden kann und sich von Ihnen ernst genommen fühlt, wenn es Ihr Bemühen spürt, es zu verstehen und anzunehmen, wie es ist. Einfühlsames Zuhören nützt mehr als fromme Belehrungen und kann die Nähe wieder herstellen, nach der Sie sich schon lange gesehnt haben.

Mamas neuer Freund

Mit Neugier und Spürsinn hat Birgit, 14 Jahre, ein Liebes-SMS ihrer Mutter auf deren Handy entdeckt und stellt sie nun zur Rede: „Mir sagst du, der Heinz ist nur ein guter Bekannter und das stimmt gar nicht. Außerdem ist Papa nicht einmal noch zwei Jahre tot und du treibst es schon mit einem anderen!" Die Mutter ist peinlich berührt und verlegen und geht in die Defensive. Sie verteidigt sich, als hätte sie etwas Unrechtes getan. Wie kann und soll sich die Mutter nun verhalten? Einerseits hat sie ein Recht darauf, ihr Leben als Frau zu leben, andererseits hat sie Verantwortung ihrer Tochter gegenüber.

Grenzüberschreitungen nicht zulassen

Wird man mit Vorwürfen konfrontiert, ist es immer am besten, sich zunächst in die Situation des Angreifers, der Tochter hineinzuversetzen, anstatt sich durch Rechtfertigungen noch mehr ihrem Angriff auszusetzen. In diesem Fall gilt dies ganz besonders. Was könnten die Gefühle und Ansichten dieser jungen Dame sein? Sie hat ihren geliebten Vater

verloren. Sie will ihre Mutter nur für sich allein und ist eifersüchtig. Wie viele Pubertierende, ist sie selbstbewusst und schlagfertig und überschreitet die Grenzen des Respekts. Der Machtkampf zwischen ihr und ihrer Mutter ist ein häufiges Spiel. Also gilt es nicht nur einfühlsam zu sein, sondern auch, sich abzugrenzen, zum Beispiel so: „Du findest es nicht OK, dass ich einen neuen Freund habe und dir nicht alles erzähle.

(Beschreibung aus Birgits Sicht) Aber mir ist es peinlich, dass du meine SMS abliest. Ich finde das nicht in Ordnung und bitte dich, es in Hinkunft nicht mehr zu tun" (Ich-Botschaft, die Gefühl und Wunsch der Mutter enthält). Nachdem die Mutter die Tochter konfrontiert hat, statt sich in die Enge treiben zu lassen, wird diese mit Rechtfertigungen kommen, möglicherweise auch mit weiteren Beschuldigungen.

Die Gefühle der Kinder ernst nehmen

Wollen wir mit Pubertierenden klar kommen, müssen wir sie ernst nehmen. Die Mutter soll bereit sein, die Gefühle und Bedürfnisse ihrer Tochter zu akzeptieren, aber es ist wichtig, dass sie die Lenkung des Gesprächs und damit die Oberhand behält. Die Tochter braucht zwar keine intimen Einzelheiten über die Beziehung zu erfahren, aber wenn die Mutter offen dazu steht, wird sie von ihrer Tochter respektiert werden. Erst wenn wir den Widerstand ausdiskutiert und Lösungen für einen neuen Umgang miteinander gefunden haben, gelingt es Eltern und Kindern, die gute Basis (wieder) herzustellen.

Tritt ein neuer Partner ins Leben der Eltern, ist es ganz besonders wichtig, verantwortungsbewusst zu handeln und zum passenden Zeitpunkt die Kinder mit einzubeziehen, ihre Gefühle zu achten und gemeinsam Lösungen für das neue Beziehungsgeflecht zu finden, insbesondere dann, wenn ein Zusammenleben unter einem Dach angedacht wird.

Wenn ein neuer Partner ins Leben tritt

Ein neuer Partner oder Partnerin an der Seite der Mutter oder des Vaters ist für ein Kind immer ein einschneidendes Erlebnis. Manche Mütter oder Väter sind unsicher, ob sie ihrem Nachwuchs überhaupt einen Stiefvater oder eine Stiefmutter zumuten können. Jeder Mensch hat das Recht, sein Leben als Mann oder Frau zu leben. Nur dürfen Eltern nie auf die Verantwortung vergessen, die sie ihren Kindern gegenüber haben und im Zweifelsfall haben die Interessen der Kinder Vorrang, weil wir für sie und ihr seelisches Gleichgewicht Verantwortung tragen.

Kinder nicht „abschieben"

Auch wenn Sie in einer Phase sind, in der Sie Kontakte knüpfen möchten, dann kommt es darauf an, dass Sie nicht allzu häufig von zu Hause weg sind und sich die Kinder während dieser Zeit nicht „abgeschoben" oder vernachlässigt fühlen. Überlegen Sie, wann der richtige Zeitpunkt für „Offenbarungen" gekommen ist und haben Sie den Mut, mit Ihren Kindern offen und selbstbewusst die Dinge anzusprechen, ohne sie zu überfordern. Dann brauchen Ihre Kinder keine Fantasien und Ängste zu entwickeln. Kinderfragen sollten ehrlich und kindgerecht beantwortet werden, vor allem sollten Kinder nicht angelogen werden. Wenn eine Frage zu direkt oder intim ist: „Ich möchte das für mich behalten!" oder „Den Heinz mag ich gern. Darum treffen wir uns hin und wieder." Oder auch: „Wir haben ein Verhältnis und ich kann nicht sagen, wie sich unsere Beziehung entwickeln wird. Aber ich versichere dir, dass ich nichts ohne deine Zustimmung unternehmen werde." Zustimmung bedeutet nicht Erlaubnis, aber verantwortungsvolle Rücksichtnahme.

Kinder haben Vorrang

Sie müssen Ihre Kinder nicht um Erlaubnis fragen, wenn Sie eine Beziehung eingehen wollen. Auf alle Fälle aber müssen Sie mit ihnen so lange verhandeln, bis ein Weg gefunden wird, der auch für sie stimmt. Das braucht manchmal Zeit und Geduld. Fordern Sie Ihre Kinder auf, ihre Gefühle und Bedenken offen auszusprechen. Kinder lassen sich motivieren, dem Lebensglück ihrer Eltern nicht im Weg zu stehen. Bleibt jedoch das Veto aufrecht, ist Geduld angesagt. Kinder haben ein Gespür für „versteckte Mängel" des zukünftigen Partners. Nehmen Sie ihre Einwände ernst. Sie könnten Sie vor unüberlegten Handlungen bewahren, während Sie die „rosarote Brille" tragen.

Die Geburt einer Patchwork-Familie

Trotz aller Begeisterung für einen neuen Partner ist es wichtig, die Realität nicht aus den Augen zu verlieren und Kinder natürlich, aber behutsam mit der neuen Situation vertraut zu machen. Es braucht seine Zeit, sich auf den „Neuen" oder die „Neue" einzustellen, speziell wenn Eifersucht oder Loyalitätskonflikte auftreten. Und seien Sie ehrlich: Selbst wenn Ihr neuer Partner/Partnerin Kompetenzen und eine noch so positive Einstellung hat – auch Erwachsene brauchen Zeit, sich aneinander zu gewöhnen. Achten Sie auch darauf, Ihren neuen Partner nicht mit Erwartungen zu überfordern.

Widerstand und Opposition sind natürlich

Nicht zuletzt müssen Sie trotz allem damit rechnen, dass Widerstand und Opposition auftreten, auch dann, wenn anfänglich alles unkompliziert erschien und sich der neue Partner sehr um Ihre Kinder bemüht. Mit dem Widerstand der eigenen und der Ablehnung von Stiefkindern umzugehen, ist eine große Herausforderung und erfordert sehr viel Verständnis, Geduld und Geschick. Es ist wichtig, nicht alles persönlich zu nehmen und auch bei Provokationen ruhig und fair zu bleiben. Abgrenzen ist OK, aber seien Sie niemals böse oder nachtragend.

Das ist eine Feuerprobe. Wer diese Hürde zu nehmen vermag, erwirbt bei seinen Stiefkindern bleibende Anerkennung und schafft eine solide Grundlage für eine gute Beziehung, die auf Vertrauen und Wertschätzung beruht.

Vergangenheitsbewältigung

Wenn das Leben in einer ganz „normalen" Familie zeitweilig schon sehr stressig sein kann, so gilt dies in besonderer Weise für Stieffamilien, die von Haus aus mit mehr Konfliktpotenzial zu rechnen haben. Die Fallen, die aus der Situation und möglicherweise der eigenen belasteten Vergangenheit entstehen können, sind vielfältig. Daher rate ich allen getrennten Eltern und Stieffamilien, sich Anregungen und Hilfe zu holen, um die Vergangenheit aufzuarbeiten damit Sie Ihre Chancen nützen lernen und Familie für alle Beteiligten gelingt.

Empfehlungen für Patchworkfamilien

- Lassen Sie den Stiefkindern Zeit, sich an Sie zu gewöhnen. Seien Sie freundlich, aber nicht aufdringlich.
- Eventueller Ablehnung ist mit Geduld und Verständnis zu begegnen. Nehmen Sie es nicht persönlich. „Der Weg zum Herzen des Stiefkindes führt über die Annahme der Ablehnung". Über kurz oder lang führt dieser Prozess bei konsequentem Wohlwollen immer zum Erfolg.
- Bei Widerstand und Provokation: sich mit dem „Widerstand verbünden". Klar, aber freundlich Grenzen setzen – fair bleiben, nicht nachtragend sein.
- Das entscheidende Wort in Erziehungsfragen hat der leibliche Elternteil. Die Stiefmutter bzw. der Stiefvater müssen die Entscheidungen des leiblichen Elternteils auch dann respektieren, wenn man das Gefühl hat, der Partner macht etwas Falsches. Er trägt ja die Erziehungsverantwortung und das Kind ist an seine Art zu erziehen gewöhnt.
  Klärende Erziehungsgespräche sollten nur unter vier Augen stattfinden. Eventuelle Änderungen im Erziehungsverhalten müssen behutsam eingeführt werden.
- Kinder sollten lieber von Mutter oder Vater als vom „Stief" auf Unarten aufmerksam gemacht werden – es sei denn, das Kind hört gerne und mehr auf den „Stief" und Mutter/Vater ist damit einverstanden. Vorsicht: Mütter, die sich überfordert fühlen, lassen sich gerne Ermahnungen und anstrengendes Grenzensetzen vom Stiefvater abnehmen – und drängen ihn dadurch unbewusst in die „Buh-Rolle". Das Kind wird mit verstärktem Widerstand ihm gegenüber reagieren und die Mutter als schwach und unfair empfinden.
- Bei persönlichen Konflikten zwischen „Stief" und Kind sollte der „Stief" selber das „Hühnchen" mit dem Kind „rupfen" dürfen. Bitte keine permanenten Einmischungen oder „in Schutz nehmen" seitens der Mutter/des Vaters – damit die beiden eine authentische Beziehung aufbauen können und das Kind nicht in eine Position kommt, die Erwachsenen gegeneinander auszuspielen.

- Hören Sie auf den neuen Partner und auf andere wichtige und kompetente Personen – aber entscheiden Sie dann nach Ihrem persönlichen Gutdünken – denn Sie tragen die Verantwortung für Ihr Kind und Ihr Handeln.
- Wohlwollen, Toleranz, Dialog, Kritik- und Konfliktfähigkeit sind die wichtigsten Voraussetzungen für das Gelingen von Stieffamilien.
- Sollte das Kind mehrere „Zuhause" haben: Verzichten Sie darauf, Ihre Maßstäbe um jeden Preis durchzusetzen: Es gelten die Regeln des jeweiligen Hauses.
- Machen Sie Ihr Kind nicht zu Ihrem „Beichtvater": Es ist damit überfordert, auch wenn es die Rolle des Vertrauten scheinbar gerne annehmen sollte. Suchen Sie sich erwachsene Gesprächspartner oder Therapeuten.
- Stiefmutter oder –vater zu sein ist von Natur aus eine undankbare Rolle mit viel Verzicht und Pflichten, aber wenig Rechten. Wer diese Herausforderung annimmt, kann persönlich sehr daran wachsen und reifen und zu späteren Zeiten schöne Früchte ernten.
- Je respektvoller alle beteiligten Erwachsenen im Familiensystem miteinander und mit den Kindern umgehen, umso besser sind die Chancen der Kinder, glücklich trotz Trennung zu werden.

Die Autorin ist 4-fache Mutter, geb. in Ungarn, aufgewachsen im Burgenland und in Wien, lebte 10 Jahre in Paris, wo sie Romanistik mit Fächerkombination Psychologie studierte. Sie ist dipl. Lebens- und Sozialberaterin, system.Beraterin für Kinder, Jugendliche und deren Eltern, Kolumnistin, Urheberin des ABC-Elternführerscheins® und Ausbildnerin für zert. ElterntrainerInnen. 1999 gründete sie den Verein Elternwerkstatt, ein Netzwerk von ExpertInnen zu Themen von Erziehung, Partnerschaft, Trennung und Scheidung. Angebot:

- individuelle Beratung und Seminare
- ABC-Elternführerschein® *
  Seminar zur Förderung natürlicher Erziehungskompetenz
- ABC-Babyführerschein® *
  für werdende und junge Eltern
- Info und Beratung bei Trennung/Scheidung *
- Vorträge, Impulsabende, Workshops *
  für Kindergärten, Schulen, Gemeinden, Pfarren, etc.
- Elternbildung für Betriebe
- Weiterbildungslehrgang zum/r zert. ElterntrainerIn
- Fortbildung für PädagogInnen und soziale Berufe
- Qualitätssiegel Wien-Cert, Ö-Cert

Kontakt:
Verein ELTERNWERKSTATT
A-1230 Wien, Altmannsdorferstr. 172/31/2
www.elternwerkstatt.at, office@elternwerkstatt.at
Tel./Fax: +43-1-6622006

* gefördert durch das österr. BM für Wirtschaft, Familie und Jugend

Von der Autorin bereits erschienen:

Maria Neuberger-Schmidt
„Gewaltfrei, aber nicht machtlos.
Erziehung mit Herz, Verstand und Führungskompetenz"
Das Buch zum ABC-Elternführerschein®
Ennsthaler Verlag, März 2012
ISBN 978-3-85068-891-8
336 Seiten, Hardcover mit Leseband,
Buchpreis **€ 21,90**

Bestseller
Maria Neuberger-Schmidt
„Erziehung ist (k)ein Kinderspiel" Band I
Edition TIPS, ISBN 978-3-85358-002-8, 2008, 198 S., **€ 14,90**
Seit Aug. 2013 als e-book erhältlich:
ISBN-978-3-85358-014-1, e-Book-Preis: **€ 12,90**

Eine Sammlung der beliebten Kolumne.
Praxisnahe, anschauliche Fallbeispiele, mit Liebe und Humor gewürzt.

Erhältlich auch als Audio-CD zum Anhören,
interpretiert u.a. mit Elisabeth Engstler, **€ 14,90**

ABC-Elternführerschein®
Erziehung mit Herz, Verstand
und Führungskompetenz

Glücklich und erfolgreich erziehen
18 Stunden für mehr Sicherheit, Gelassenheit
und Kompetenz

- zeitgemäßes Verständnis elterlicher Autorität
  und Führungskompetenz
- entwicklungspsychologische Hintergründe
- so handeln und kommunizieren, dass Kinder sich verstanden fühlen, gerne
  kooperieren, selbstbewusst und selbständig werden, dass sie uns lieben und
  respektieren, dass wir Konflikte fair und gewaltfrei lösen können.
- Erfahrungsaustausch und viele „Aha-Erlebnisse"

ABC-BABYführerschein®
Für einen guten Start ins Abenteuer Familie
18 Stunden für werdende und junge Eltern,
Babysitter, ...

Sicher und stressfrei von Anfang an
die Weichen richtig stellen
Mehr Freude, weniger Stress

Urheberin:
Mag. Maria Neuberger-Schmidt, Gründerin Verein Elternwerkstatt, Wien
Tel. +43-1-6622006, 0676 41 555 38, office@elternwerkstatt.at

LandesverteterInnen:
Wien, NÖ, Bgld: Veronika Lippert, Tel.: 0676 4000667, vroni.lippert@aon.at

OÖ, Salzburg: Andreas Keckeis, 0664 9070160, elternwerkstatt-ooe@elterntrainer.at

Kärnten, Stmk: Susanne Suntinger, 0664 73792851, susanne.suntinger@aon.at

Tirol, Vorarlberg: Mag. Silvia Nagl, 0680 1224167, office@kreativ-dialog.at

elternwerkstatt.at

familiengesundheit.at